Atitude de Amor

Opúsculo contendo a palestra de Bezerra de Menezes e debate com Euripedes Barsanulfo sobre o período de maioridade do Espiritismo.

13ª Edição
Do 24º ao 26º milheiro
Setembro / 2009

Copyright © 2005 by
Wanderley Soares de Oliveira

Projeto Editorial e Gráfico
Departamento Editorial Sociedade Espírita Ermance Dufaux

Impresso no Brasil | Printed in Brazil | Impresso en Brazilo

Editora Dufaux
R. Contria, 759
Alto Barroca,
Belo Horizonte/MG - Brasil
30431-028
Tel.:(31) 3347-1531
www.editoradufaux.com.br

 Conforme novo acordo ortográfico da língua portuguesa ratificado em 2008.

Dufaux, Ermance de La Jonchére (Espírito) e Pereira, Cícero dos Santos

Atitude de Amor / pelos espíritos Ermance de La Jonchére Dufaux e Cícero dos Santos Pereira : [psicografia de] Wanderley Soares de Oliveira - Belo Horizonte: Editora Dufaux 2005 - 92 p.

1.Espiritismo.I.Título

ISBN 978-85-98080-30-7   CDU-133.9

"O produto desta edição é destinado à manutenção das atividades da Sociedade Espírita Ermance Dufaux"

Atitude de Amor

Wanderley Soares de Oliveira
pelos espíritos
Cícero Pereira e Ermance Dufaux

Sociedade Espírita Ermance Dufaux
Editora Dufaux

internet:: www.ermance.com.br
e-mail: ermance@ermance.com.br

Série
Estudos Doutrinários

SUMÁRIO

1º PARTE

Prefácio – Ildefonso do Espírito Santo 9

Atitude de Amor – palestra de Bezerra de Menezes pelo espírito Cícero Pereira 11

2º PARTE

Prefácio – Nos Rumos da Esperança – Cícero Pereira 31

Debate com Euripedes Barsanulfo - Ermance Dufaux 35

3º PARTE

Prefácio – Os Tempos são Chegados – Carlos Pereira 79

A Agenda 21 Espírita - Movimento Atitude de Amor 82

1ª PARTE

Palestra de Bezerra de Menezes pelo espírito Cícero Pereira

Prefácio

Amar uns aos outros é o destino dos espíritos, criados por Deus para desenvolver uma trajetória evolutiva na busca perene e progressiva da perfeição.

Jesus, o Mestre, em sua peregrinação terrena, demonstrou com fatos, de forma convincente, a conveniência de empreender-se essa conquista para alcançar a felicidade a que todos aspiram.

Agora, decorridos mais de dois mil anos de Sua vinda, apesar dos esforços empregados, nota-se ainda uma grande carência de amor, dando mesmo a impressão de que estamos nos distanciando daquele momento em que haverá paz na Terra entre os homens. Paz, independentemente de cultos, crenças e lugar. Paz, que é um estágio a ser alcançado através da prática da amorosidade.

Contudo parece chegado o momento das grandes transformações, com a efetivação das previsões formuladas pelos profetas e confirmadas pelo próprio Cristo.

No que se refere ao Movimento Espírita, fundamentado numa Doutrina que explica as razões das mudanças, é necessário avaliar o nível de atuação a que chegou para definir-se novos rumos e novas estratégias, de modo que, cada um em particular e todos em conjunto, possam contribuir para a melhoria de um mundo que é de todos e não de alguns.

Estas mensagens fornecem uma amostragem das idéias e propósitos de Espíritos bondosos e comprometidos em desnovelar alternativas novas, a fim de que a excelsitude do pensamento espírita ultrapasse as tribunas, concretizando-se através de atitudes éticas mais condizentes com o programa de transformação: o exercício do amor unindo os homens.

Ildefonso do Espírito Santo – Salvador / abril de 2002

Ildefonso do Espírito Santo para o livreto

O companheiro Ildefonso é dos referenciais do Movimento Espírita da Bahia e do Brasil.
Idealizador dos Congressos Espíritas da Bahia. Participou da fundação da ABRAJEE, Associação Brasileira de Jornalistas e Escritores Espíritas em 1976. Membro do conselho administrativo da FEEB – Federação Espírita da Bahia desde 1973, tendo exercido o cargo de presidente da diretoria executiva de 1982 a 1988. Fundou em 1994 a Associação de Medicina e Espiritismo da Bahia, AME – Bahia, entidade que vem presidindo até hoje. Eleito presidente da FEEB na gestão 1997/2000.

Ildefonso é um vibrante lutador da causa e guarda a qualidade de ter trânsito livre em todas vertentes do Movimento Espírita.

O nosso companheiro foi o primeiro incentivador da obra "Seara Bendita", divulgando-a intensamente durante seus valorosos roteiros de difusão doutrinária.

ATITUDE DE AMOR

CÍCERO PEREIRA

"Pois, se amardes os que vos amam, que galardão havereis? não fazem os publicanos também o mesmo?

Mt. 5:46

A PALAVRA DE BEZERRA: O PERÍODO DA MAIORIDADE

Na primeira noite após o memorável Congresso Espírita Brasileiro [1], fomos convocados para ouvir a palavra sóbria e cândida do paladino da unificação, Bezerra de Menezes, em ativo núcleo de nosso plano destinado aos empreendimentos voltados para o Consolador.

Ainda invadidos pelos sentimentos sublimes despertados pelo inesquecível conclave ora encerrado na cidade de Goiânia, trazíamos nossa mente imersa em profundas meditações acerca do quanto a ser feito ante as perspectivas descerradas.

No momento azado, dirigimo-nos para o salão onde se daria o conclave. Chegamos minutos antes no intuito de rever companheiros queridos que labutavam em plagas distantes e que, a convite de Bezerra, mantiveram-se ali após o congresso exclusivamente para ouvir-lhe a palestra.

A lotação era para cinco mil participantes e não havia lugares desocupados. Eram os trabalhadores do evento ora realizado, militantes da Seara em outros continentes, poetas, educadores, seareiros dos primeiros tempos, personagens da história brasileira, enfim, grupo imenso; todos comprometidos com os destinos do Espiritismo. Representações de caravaneiros de todos os estados brasileiros e dos países participantes do magno evento também estavam presentes, além dos servidores anônimos que se prestaram aos mais variados serviços de amparo e defesa pelo bem da tarefa concluída no plano físico.

Seria impossível relacionar todos, mas, com intuitos que atendem a nossas ponderações do momento, destacamos a presença de Robert Owen (o filho), César Lombroso, Humberto Mariotti, Milton O'Relley, Anita Garibaldi, Helena Antipoff, Edgard Armond, Torteroli, Jean Baptiste Roustaing, Benedita Fernandes, Deolindo Amorim, Herculano Pires, Carlos Imbassahy, Freitas Nobre, Tolouse Lautrec, Tarsila do Amaral, Frederico Figner, Cassimiro de Abreu, Olavo Bilac, Castro Alves, Antônio Wantuil de Freitas, Alziro Zarur, Rui Barbosa, Antônio Luiz Sayão, Luís Olímpio Teles de Menezes, Cairbar Schutel.

Fomos chamados para o instante aguardado. Uma pequena e singela mesa, com um belíssimo ornamento de flores, embelezava o palco ao lado de potente aparelho sonoro dirigido ao grande público presente. Tudo guardando extrema simplicidade. Sem cerimônias e delongas, após oração comovida por parte de nosso condutor é passada a oportunidade ao imbatível "médico dos pobres"[2]:

Irmãos, Jesus seja nossa inspiração e Kardec a luz de nossos raciocínios.

O cinqüentenário do acordo de unificação, o Pacto Áureo, ainda agora enaltecido pela comunidade espírita mundial, é vitória de incomensurável quilate espiritual para a glória do Espiritismo. Os esforços não foram em vão.

Passado o conclave nosso olhar se volta, mais que nunca, para o futuro.

Sem demérito de qualquer espécie a corações que têm feito o melhor que podem, os que aqui se encontram presentes conhecem de perto a extensão das necessidades com as quais estamos lidando.

E ainda agora, enquanto muitos se encontram inebriados com a nobre comemoração face às conquistas logradas em meio século de serviço austero, atentemos para o quanto nos falta caminhar, a fim de merecermos com justiça o título de Cristãos da nova era.

Desde as primeiras idéias para a formação das bases organizativas do movimento, são passados quase cem anos. O progresso é evidente.

Entretanto, não será demais e insano afirmar que, a despeito das conquistas, encontramo-nos na infância de nosso movimento libertador ante a envergadura da missão a nós confiada na humanidade.

A progressão do ideário espírita está em boas mãos e a falange verdade continua o programa com sucesso, não obstante os empecilhos que são variados.

Inteiremo-nos com acerto sobre o que o momento espera de todos e façamos o que for preciso, a fim de impedirmos o prolongamento da conveniência prejudicial ao prosseguimento de planos maiores.

Os primeiros setenta anos do Espiritismo constituíram o período da consagração das origens e das bases em que se assentam a Doutrina, que lhe conferiram legitimidade. Heróis da tenacidade e fibra moral, dispostos a imolar-se pela causa, venceram o preconceito do tempo e a pressão da inferioridade humana no resguardo e defesa da empreitada de Allan Kardec. O último lance que delimitou esse período foi o Congresso Internacional de Espiritismo realizado em Paris [3], onde o arauto do bem, Léon Denis, suportou a lâmina sutil da mentira e consolidou o perfil definitivo do Espiritismo como **Doutrina dos Espíritos**, eximindo-a de desfigurações que em muito prejudicariam sua feição educativa e conscientizadora.

O segundo período de mais setenta anos, que coincide com o fechamento do século e do milênio, foi o tempo da proliferação. Uma idéia universal jamais poderia ficar confinada a grupos de estudo ou experimentos da fenomenologia mediúnica de materialização; fazia-se necessária a intensificação dos conhecimentos, dentro de um crescimento ordenado e defensivo na elaboração de um perfil filosófico. Eis o mérito das entidades promotoras da unificação e da multiplicação de centros espíritas. Sob o regime de controle e zelo foram predicados os seus objetivos primaciais. A literatura subsidiária provocou o questionamento, a discussão, o estudo, e com isso o aprendizado dilatou-se.

A primeira etapa consagrou o Espiritismo como ideário do bem, atraindo a simpatia e superando o preconceito; a segunda ensejou a difusão. Penetramos agora o terceiro portal de mais setenta anos, etapa na qual pretende-se a maioridade das idéias espíritas.

É necessário atestar a vitalidade dos postulados espiritistas como alavanca de transformações sociais e humanas. Sua influência na cultura, nas artes, na ciência, nas leis, na filosofia e na religião conduzirá as comunidades, que lhe absorverem os princípios, a novos rumos para o bem do homem através da mudança do próprio homem.

Esse novo tempo deverá, igualmente, conduzir a efeitos salutares a nossa coletividade espírita, criando entre nós, seus adeptos, o período da atitude. O velho discurso sem prática deverá ser substituído por efetiva renovação pela educação moral. É a etapa da fraternidade na qual a ética do amor será eleita como meta essencial, e a educação como o passo seguro na direção de nossas finalidades.

Jesus definiu seus discípulos por muito se amarem, o Espírito Verdade assinalou o "amai-vos e instrui-vos" como plataforma do verdadeiro espírita, e esses ensinos deverão constituir a base do programa transformador para nossas metas ante a era nova.

Assim como nas demais fases foram programadas reencarnações missionárias, a exemplo do que sucedeu no iniciar dos séculos XIX e XX, igualmente se apronta uma geração nova para os novéis ofícios da causa, dentre os quais muitos de vós aqui presentes estão esclarecidos sobre seu auspicioso retorno às fileiras do Consolador, em missões de solidariedade e renovação, enquanto os que guardam maiores compromissos na vida extrafísica estão conscientes dos desafios que a todos nos esperam.

Descrevamos algo de essencial acerca dessas batalhas que enfrentaremos, para não localizarmos o "joio" onde está o "trigo" e definirmos melhor as estratégias de ação.

A PALAVRA DE BEZERRA: O NOSSO MAIOR INIMIGO

Afirmamos outrora que o serviço da unificação é urgente, porém, não apressado[4]. Verificamos no tempo que alguns corações sinceros e leais, entretanto, sem larga vivência espiritual, inspirados em nossa fala, elegeram a lentidão em nome da prudência e a acomodação passou a chamar-se zelo, cadenciando o ritmo das realizações necessárias ao talante de propósitos personalistas na esfera das responsabilidades comunitárias. O receio da delegação, a pretexto de ordem e vigilância, escondeu propósitos hegemônicos em corações desavisados, conquanto amantes do Espiritismo. Em verdade, a tarefa é urgente, não apressada, mas exige ousadia e dinamismo sacrificial para encetar as mudanças imperiosas no atendimento dos reclames da hora presente, e o hábito de esperar a hora ideal converteu-se, muita vez, em medida emperrante.

Ninguém pode vendar os olhos a título de caridade, porque deliberadamente o apego institucional marcou esse segundo período de nossas lides, em muitas ocasiões, com enfermiças atitudes de desamor como forte influência atávica de milenares vivências. Isso era previsível e, por fim, repetimos velhos erros religiosos...

Honrar e respeitar os antepassados e a história não significa aboná-la de todo, embora os nossos sentimentos devam ser enobrecidos no perdão, no entendimento, na oração e no trabalho. Foi o melhor que conseguimos em se considerando as imperfeições que nos são peculiares.

Na seara espírita, que declara inspirar sua ação em Jesus, o Mestre operoso, e em Kardec, o infatigável trabalhador, não deve haver o pacto insensato com os privilégios e a representatividade improdutiva. Se o Senhor deixou definido que o maior seria quem se fizesse servo de todos [5], de igual forma a função das entidades doutrinárias, de qualquer âmbito, é servir e servir sempre, mais e mais, no atendimento das extensas necessidades a vencer nas lavouras doutrinárias, cumprindo o roteiro dos deveres de orientação e apoio, sem jamais avocar para si direitos ilusórios no campo do poder.

Há de se ter em conta que nos referimos ao institucionalismo como grilhão pertinente a todos nós, sem jamais vinculá-lo a essa ou àquela entidade organizativa em particular, porque semelhante marca de nosso psiquismo, por muito tempo ainda, criará reflexos indesejáveis na obra do bem.

O institucionalismo é fruto da ação dos homens; ele em si não é o nosso adversário maior e sim os excessos que o tornam nocivo.

Nosso maior inimigo, de fato, é o orgulho em suas expressões inferiores de arrogância, inflexibilidade, perfeccionismo, autoritarismo, intolerância, preconceito e vaidade, seus frutos infelizes que, sem dúvida, insuflam a institucionalização perniciosa e incentivam o dogmatismo e a fé cega, adubando a hierarquização e o sectarismo.

Seus frutos geram sementes, e precisamos interromper essa semeadura do "joio" que sustenta a ilusão de trabalhadores desprevenidos e invigilantes.

Quando os homens forem bons farão boas instituições[6], asseverou o insigne apóstolo de Lyon, Allan Kardec.

Nossa luta deve ser íntima e não exterior, não contra organizações, mas contra nós mesmos quando em atitudes praticadas sob o manto da mentira que acostumamos a venerar em favor de vantagens pessoais.

Esses desvios perpetrados lembram os primeiros momentos do Evangelho sobre a Terra, quando teve circunscrito seu raio de ação ao Judaísmo dominante. Tal realidade levou o Mais Alto a chamar o espírito corajoso e nobre de Paulo de Tarso na ingente missão de servir para além dos muros institucionais da capital do religiosismo, e tornar universal a mensagem do Sábio Pastor.

Conclamamos novos apóstolos para a "gentilidade" nesse momento delicado de nossa seara, porque o orgulho humano reeditou, em larga amplitude, os ambientes estéreis à propagação dos ensinos do Senhor. Temos um novo centro de convergência estipulado pela egolatria humana, buscando fixar estacas demarcatórias injustas e dispensáveis para o futuro glorioso da religião cósmica da verdade e do amor.

Essa velha bagagem da alma tem solução. Melhorando os homens, melhoramos as instituições. Por isso, nossa meta prioritária jamais foi ou será incentivar dissidências a fim de comprovar a eficácia de alguma ideologia, porque, em verdade, todas cooperam para um destino comum no futuro.

Apenas não podemos mais adiar medidas, esperando que os homens acordem naturalmente para as realidades que os cercam, junto às perigosas investidas levadas a efeito pelos inimigos confessos do Evangelho do Cristo na humanidade, em ambos os planos da vida. A hora é de ação e campanha para chamar na Estrada de Damasco os que queiram suportar o sacrifício, a renúncia e a obstinação em nome de uma nobre causa que é libertar a mensagem de Jesus dos círculos impregnados de bazófia e fascinação, através de exemplos de vida e do serviço construtivo de uma mentalidade em plena identificação com a mensagem moral do Espiritismo Cristão.

A hora pede clareza e determinação para a segurança dos ideais.

Há um momento em que a atitude de amor pede a verdade a fim de escapar dos pântanos da omissão. Estamos nesse momento. As diretrizes do Espírito **Verdade** não pactuam com as conveniências, embora não incentive o desamor. Esse tempo é daqueles que souberem ser coerentes, sem que a coerência custe o preço da discórdia tempestuosa. O desagrado existirá, porque a verdade incomoda quem se acostumou aos caminhos largos. Estamos no tempo dos "caminhos estreitos", e os que aceitarem perlustrá-lo não terão as coroas de glórias passageiras e nem a aclamação geral dos distraídos do caminho. Serão taxados de egoístas simplesmente por decidirem buscar a "contramão" das opiniões e a percorrer o caminho inverso das consagrações humanas. Entretanto, terão um "contrato de assistência" permanente e irrevogável para angariarem as condições justas ao desiderato. Contudo, justiça aqui não significa facilidades, mas ação mediadora da Divina Providência para o bom andamento dos labores encetados. Temos grupos dispostos a comprometer-se com os misteres da hora a custo de sacrifício; eles serão os apóstolos da "gentilidade" dos tempos modernos.

Respeitaremos em nome do amor a quantos ainda estagiam nas formalidades e convencionalismos. Firmaremos bases seguras fora dos limites da conveniência, para assegurar, aos mais novos que chegarão, a oportunidade de vislumbrarem horizontes que atendam as suas exigentes expectativas, com as quais renascerão no soerguimento desse período de moralização e atitude, nesse momento de Espiritismo por dentro e não fora de nossos corações.

Carecemos de um movimento espírita forte, marcado por uma cultura de raciocínios lógicos e coerentes, e por atitudes afinadas com a ética do amor.

Temos sim um problema, temos um inimigo. Atitude, eis a questão. Más atitudes, eis nosso problema. Atitudes de orgulho, nosso maior inimigo.

A PALAVRA DE BEZERRA: ATITUDE PRIMORDIAL

Para que não nos chafurdemos em análises míopes, torna-se prioritário definir nossa grande meta em auxílio aos que mourejam na coletividade doutrinária, para maximizarem seus esforços nas direções mais nobres e úteis aos deveres dessa nova etapa de maioridade espiritual.

A meta primordial é aprendermos a amarmo-nos uns aos outros, para que tudo o que for criado em nome da causa espírita reflita a essência do Espiritismo em nossas movimentações.

Nossa meta essencial é o amor, a atitude que reflete Deus em nós.

Meditemos na inolvidável pergunta do Mestre: Que galardão teremos em amar somente os que nos amam? [7]

A diversidade é uma realidade irremovível da Seara e seria utopia e inexperiência tratá-la como "joio". Imprescindível propalar a idéia do ecumenismo afetivo entre os seareiros, para que a cultura da alteridade seja disseminada e praticada no respeito incondicional a todos os segmentos. A atitude de alteridade será o termômetro do progresso das idéias espíritas no movimento, será o "trigo" vicejante e plenificado na ética da fraternidade vivida. As instituições embebidas desse espírito promoverão o diálogo franco e transparente e construirão, através das relações, as transformações. O desafio está lançado.

Temos como certo que as barreiras de aproximação estão mais frágeis que se imagina em alguns setores, embora muitos apostem na impossibilidade de rompê-las. Falta habilidade para conduzir processos que desafiam a inteligência das direções segmentares e, não propriamente, o desejo de efetivá-las. Precisaremos todos de muita humildade para construir um terreno neutro, como frisou Kardec [8], e de muito amor para garantir perpetuidade às novas relações de pluralismo e convivência com as diferenças.

Voltemos a atenção para a influência dos exemplos cristãos que constituem referências decisivas para os que, legitimamente, anseiam empreender o discipulado com Jesus e Kardec. Apesar das lutas humanas, necessárias e naturais, não faltaram e não faltam as balizas na Seara para que os espíritas, dispostos ao desafio de superar a si mesmos, encontrem inspiração para travarem o bom combate em direção ao crescimento e à libertação. A jornada é árdua e o calvário é doloroso, por isso muitos preferem as poltronas macias de valores temporais nos regimes institucionais.

No entanto, a despeito da certeza que guardamos sobre a atitude de amor, devemos estar conscientes sobre as sendas a seguir, a fim de não permitirmos romantismo e ingenuidade num momento de lutas ingentes. Para isso, divulguemos a diretriz a tomar para que não aprisionemos tal meta nos sonhos fantasistas do menor esforço e das crenças improdutivas.

A PALAVRA DE BEZERRA: DIRETRIZ INSUPERÁVEL

A renovação de atitudes na edificação de uma nova mentalidade solicita uma inevitável mudança cultural em nossos ambientes doutrinários. O repúdio ao debate e a aversão ao confronto de opiniões são expressões do institucionalismo que ainda estão presentes no psiquismo humano, muita vez realimentado por organismos e oradores respeitáveis.

Quando Jesus convocou seus discípulos ao serviço do amor "deu-lhes poder", conforme assevera o texto de Mateus[9]. Reeditar esse fato é fundamental, a fim de alcançarmos melhores condições morais ao movimento espírita. Conferir poder é propiciar respostas, caminhos, horizontes, alternativas pedagógicas para instrumentalizar e capacitar alguém para alguma coisa. O Mestre, como educador, após os ingentes deveres públicos do dia, recolhia-se em colóquios íntimos com os corações dos apóstolos, ampliava-lhes as perspectivas sobre os ensinos, dimensionava as realizações extrafísicas em torno dos feitos de todo o grupo, e respondia a questões símplices, porém, de rara profundidade moral. Era ali, naqueles momentos íntimos, que se efetivava o poder de percepção e o desenvolvimento das condições necessárias ao apostolado, porque havia debates sinceros e resolução de conflitos em clima pacífico, sob a tutela do Senhor.

Hoje, mais que nunca, precisamos repetir tal episódio e permitir o "espírito do Senhor" na contenção de nossos impulsos de desagregação e isolamento. É urgente trabalhar por uma cultura de trocas e crescimento grupal, habituando-se a ter nossas certezas abaladas pelo conflito e pela permuta, para que ampliemos a capacidade de enxergar com mais exatidão as questões que supomos terem sido esgotadas. Essa diretriz conduzirá os homens a uma maior possibilidade de diálogo e intercâmbio, fazendo-os perceber a inconveniência do isolamento em muros de pseudo-sabedoria ou nas masmorras do autoritarismo institucional, ditando normas e idéias em nome de uma verdade exclusivista. Daí a importância de incentivarmos os dirigentes ao contato sadio com a dinâmica operacional dos centros espíritas e dos diversos segmentos da Seara, estabelecendo contatos, atualizando conceitos, tirando dúvidas, agendando encontros, criando ensejos ecumênicos para servirem de exemplos aos menos afeiçoados ao hábito da complacência com a diversidade do entendimento.

A melhor instituição será a que mais expandir as condições para o amor.

O melhor homem será o que mais apresentar tenacidade em amar.

A melhor Casa será a que mais implementar o regime de amor em grupo, imprimindo a seus deveres um caráter educacional.

Os heróis da fibra moral estão despedindo-se da Terra, porque cumpriram seu ministério de amor. Agora é o tempo dos atos solidários pela união das forças, relembrando o calvário no qual Jesus despediu-se glorioso, conferindo a continuidade da obra a quantos partilharam Seu percurso Divino.

Melhoremos o homem, despreocupemos dos excessos de medidas quanto à renovação de modelos institucionais que, inevitavelmente, surgirão sem pressa. Urgente é nossa adesão consciente aos princípios éticos da mensagem de Jesus atualizados pelo Espiritismo, sem os quais os modelos organizativos, por mais ajustados, vão ruir improfícuos.

Carecemos estabelecer programas centrados em valores éticos ao lado das bases fundamentais já esquadrinhadas pelo estudo. Favorecer os trabalhadores e lideranças com melhores noções sobre "As Leis Morais", contidas na terceira parte de "O Livro dos Espíritos", e aprofundar o entendimento sobre o inesquecível e universal **sermão do monte** de Jesus, assim como o fez Allan Kardec em "O Evangelho Segundo Espiritismo", construindo um programa eficiente de renovação moral baseado na sábia filosofia de Jesus.

O conhecimento das verdades espíritas, por si, levará a velhas mazelas do saber se não for acompanhado pela vivência.

O fascínio resultante dos princípios espíritas não ocorre em função de estar o homem diante de conhecimentos novos que o surpreendem, mas sim porque está retomando o contato com idéias que já fizeram parte de seu patrimônio cultural, as quais não teve ele a capacidade de utilizar para a transformação de si mesmo, submetendo-se às injunções das idéias pagãs e do rompimento com a ética do bem. Destarte, é preciso hoje conjugar esse conhecimento, que é milenar, com a moralização, pela educação.

O tão decantado processo educacional de si mesmo passa pela melhor compreensão do mundo moral e suas implicações, que resultarão em melhor auto-conhecimento, pois o "conhecimento de si mesmo é a chave do progresso individual".[10]

Esse investimento no homem é a nossa chance de subtrair a noção inferior, que tenta subjugar o Espiritismo a mera religião de formalidades atualizadas, e colocá-lo, onde deveria estar, no patamar de roteiro lúcido de educação integral da humanidade.

A diretriz insuperável de Jesus continua como roteiro de rara oportunidade. Precisamos "conferir poder". Como amar o próximo? Como obter abnegação? Como treinar a alteridade? Comprometimento é difícil para quem? É possível desenvolver a indulgência? Como dialogar em climas adversos? Como dialogar? O que é solidariedade e parceria? Como conceber a unificação em tempos de pluralismo? Ela é viável? Como oferecer essas condições de "poder" aos novos servidores da causa cristã? Qual o poder de transformação estamos viabilizando a homens comuns que encontram esperanças e alento nos celeiros de paz da casa espírita? Que temos feito para que as direções abram-se ao espírito de simplicidade? Que propostas temos a apresentar para facilitar um tempo de aproximação pacífica entre as várias tendências da Seara? Por que é tão importante essa aproximação?

O Espírito Verdade legou-nos o inspirado roteiro no "amai-vos e instruí-vos". Instrução e amor, conhecimento e dinamização ética.

Levantemos a bandeira da unificação ética em torno da qual ser-nos-á possível atrair pela ação, mais que pelo discurso, ensejando a formação de pólos de congraçamento ecumênico entre nós, os espíritas com diversidade de idéias, mas num único sentimento, o do amor exalando a fraternidade.

Tomemos como lema a tríade inspirada do Codificador "trabalho, solidariedade, tolerância" [11], e cerremos esforços na campanha para que essa indicativa torne-se o programa da Casa e do movimento espírita mundial.

O trabalho opera as mudanças pela força das circunstâncias, a tolerância cria o clima indispensável para torná-las possíveis e a solidariedade é a mola propulsora capaz de fazê-las acreditáveis.

De que nos valerá conhecer a imortalidade e viver

intencionalmente o materialismo? Essa foi uma indagação levantada pelo Codificador com fito de chamar-nos a atenção para a essência ética do Espiritismo.[12]

Se Kardec assim indaga quanto ao Espiritismo, perguntamo-nos de que nos valerá o Evangelho sem a vivência? Por que chamar Jesus se não atentamos para Sua presença no desenvolvimento de relações eticamente ajustadas com Seus ensinos?

Enveredemos pela religião, pela filosofia ou pela ciência, estudemos o Espiritismo ou o Evangelho, adotemos essa ou aquela prática com a qual melhor nos afeiçoemos, criemos essa ou aquela entidade para servir a novas experiências, tudo isso pouco importa se não tivermos amor. Recordemos o apóstolo Paulo em sua belíssima poesia: "Ainda que eu falasse as línguas dos homens e dos anjos, e não tivesse caridade, seria como o metal que soa ou como o sino que tine". [13]

A PALAVRA DE BEZERRA: A SOLUÇÃO

Qual a solução?

Mencionamos a meta prioritária, conhecemos a diretriz insuperável, mas todos sentimos um vácuo no coração quando pensamos nesse ideário maior confrontado com a realidade moral de nosso movimento bendito. O que fazer já sabemos. A indagação que agora toma-nos a mente é: como fazer?

A melhor campanha para a instauração de um novo tempo na Seara passa pela necessidade de melhoria das condições do centro espírita, que é a célula operadora do objetivo do Espiritismo. Lá sim se concretizam não só o conhecimento e o trabalho, mas a absorção das verdades no campo individual, consentidas em colóquios íntimos e permanentes que reproduzem os momentos de Jesus com seu colégio apostólico.

Por isso, temos que promover as Casas, de posto de socorro e alívio a núcleo de renovação social e humana, através do incentivo ao desenvolvimento de valores éticos e nobres capazes de gerar a transformação.

Para isso só há um caminho: **a educação**.

O núcleo espiritista deve sair do patamar de templo de crenças e assumir sua feição de escola capacitadora de virtudes e formação do homem de bem, independentemente de fazer ou não com que seus transeuntes se tornem espíritas e assumam designação religiosa formal.

Elaboremos um programa educacional centrado em valores humanos para dirigentes, trabalhadores, médiuns, pais, mães, jovens, velhos, e o apliquemos consentaneamente com as bases da Doutrina.

Saber viver e conviver serão as metas primaciais desse programa no desenvolvimento de habilidades e competências do espírito.

O que faremos para aprender a arte de amar? Como aprender a aprender? Como desenvolver afeto em grupo? Como "devolver visão a cegos, curar coxos e estropiados, limpar leprosos, expulsar demônios"?

Muitos adeptos conhecem a profundidade dos mecanismos desencarnatórios à luz dos princípios espíritas, entretanto, temos constatado quantos chegam por aqui em deploráveis condições por não se imunizarem contra os padrões morais infelizes e degeneradores.

A melhoria das possibilidades do centro espírita indiscutivelmente facilitará novos tempos para o pensamento espírita, haja vista que estaremos ali preparando o novo contingente de servidores da causa dentro de uma visão harmonizada com as implicações da hora presente. Dessa forma, estaremos retirando a Casa da feição de uma "ilha paradisíaca de espiritualidade", projetando-a ao meio social e adestrando seus partícipes a superarem sua condição sem estabelecer uma realidade fictícia e onerosa, insufladora de conflitos e de medidas impositivas, longe das reais possibilidades de transformação que a criatura pode e precisa efetivar em si mesma.

Interagindo com o meio, em permuta incessante de valores e experiências, o centro espírita sai da condição de um reduto isolado no cumprimento de sua missão e passa a delinear a formação de uma rede de intercâmbios, fenômeno esse que vem abarcando a humanidade inteira sob a designação de globalização.

Contudo, a interação da casa doutrinária com o meio deve ser ativa a ponto de transformar-se em pólo irradiador de benesses a outras co-irmãs e, igualmente, para o agrupamento social no qual encontra-se inserida.

Por isso, mais uma vez torna-se imprescindível renovar conceitos e reciclar métodos, a fim de atingirmos os patamares de instituições multiplicadoras da mentalidade imortalista e fraternal.

Esse processo de interação social reclama posturas novas, dentre elas a de abrir canais de permanente relação inter-institucional, na qual o centro espírita catalise fulcros de cultura e modelos experimentais, transformando-se em ambiente de diálogo e convivência para dirigentes e trabalhadores de outros grupos afins, passando suas vivências e aperfeiçoando suas realizações, ao tempo em que se converte em pólo espontâneo da união entre co-idealistas, no regime do mais livre pluralismo de concepções acerca dos postulados espíritas.

Mais uma vez a visão futurista do Codificador, prenunciando esse tempo, levou-o a declarar: "esses grupos, correspondendo-se entre si, visitando-se, permutando observações, podem, desde já, formar o núcleo da grande família espírita, que um dia consorciará todas as opiniões e unirá os homens por um único sentimento: o da fraternidade, trazendo o cunho da caridade cristã". [14]

A criação desses pólos são medidas salutares contra o isolacionismo e, pela sua característica essencial de fortalecimento de idéias, ensejam uma relação mais participativa, descentralizadora, operando entre os grupos a prática da solidariedade.

Incentivaremos não só a renovação cultural nas casas espíritas, mas também a estruturação das entidades específicas que, pela sua neutralidade institucional, obterão um trânsito mais intenso junto à seara na dinamização de um arejamento cultural, no atendimento das necessidades humanas que abarrotam em solicitações e demandas.

Há serviço intenso a realizar, e devemos ver com bons olhos a multiplicidade de funções e a diversificação de medidas em favor dos clamores da sociedade.

Os dirigentes, ricos de boa-vontade e espírito cooperativo, anseiam por novos horizontes, todavia, tem faltado quem se disponha a dividir vivências ou a edificar um ambiente que se constitua verdadeira oficina de idéias e diálogo para a criação de caminhos novos.

Serão esses pólos as cooperativas de afeto cristão que permitirão aos servidores e condutores das responsabilidades doutrinárias renovarem esperanças, quebrando os circuitos de rotina dentro do labirinto de obrigações a que se renderam no ramerrão do centro espírita. Serão pólos de arejamento e solidariedade mútua regidos por intenso e espontâneo desejo de somar que, em última análise, é a unificação no que de mais sublime exprime o sentido dessa palavra.

Estamos, portanto, meus irmãos e amigos do coração, instaurando o período da unificação ética, da maioridade das idéias espíritas através do melhor aproveitamento individual dos seareiros dispostos a mais amplos vôos de renúncia, sacrifício e amor à causa.

Assim, todos nós aqui hoje reunidos estamos convocados a cerrar esforços continuados ao programa renovador de nosso abençoado movimento espírita, com vistas a ampliar na humanidade a mensagem de esperança e libertação, trazida por Jesus e explicada com lucidez pelo trabalho de Allan Kardec.

Estamos em campanha.

Campanha pela unificação com amor.

Campanha pela renovação das atitudes.

Temos um problema na Seara: **as más atitudes**.

Temos uma solução para a Seara: **novas atitudes**. Seja essa a nossa campanha no bem pelos tempos novos a que todos somos chamados.

Todos aqui, mormente os que se acostumaram à docilidade e ternura de meu coração, não se surpreendam com a franqueza de minhas palavras.

Estejam certos que o sentimento é o mesmo e sempre será.

A clareza e a definição de minha fala são em obediência incondicional e servil a ordens maiores que cumpro em nome do Espírito Verdade.

Sem perder a fraternidade, vós outros que têm o acesso livre pela palavra mediúnica levai essa mensagem ao conhecimento de todos. Aqueles que hoje aqui se encontram temerosos ante as novas chances que logo envergarão na carne, levai convosco a esperança de que em plena infância serão bafejados pelas claridades desse momento de renovação, dentro e fora das movimentações espirituais a que se matricularão. Aqueles que servem a outras fileiras de

Atitude de Amor 25

obrigações junto à humanidade, cooperem com nosso ideal incentivando a superação dos preconceitos e abrindo picadas para a penetração das idéias espíritas frente à sociedade.

Enaltecendo a comemoração, da qual ainda agora quase todos aqui presentes tivemos a bênção de acompanhar junto aos irmãos no Congresso Espírita Brasileiro, peçamos ao Senhor da Vida que fortaleça sempre os ideais em nosso coração, para que as medidas salvadoras representem mãos estendidas e guiadas pelo coração sempre pulsante no bem, em favor das lutas e do aprendizado daqueles que receberam de Deus a gloriosa oportunidade de regressarem à carne no torrão brasileiro, fruindo das benesses do Consolador Prometido. Amparemos nossa bendita Seara em seus novos dias, relembrando sempre a nossos tutelados a importância do amor.

Rememoremos como fonte inspiradora de nossa campanha a sublime e inesquecível fala de nosso Mestre: "Nisto todos conhecerão que sois meus discípulos, se vos amardes uns aos outros". [15]

ENCONTROS INESQUECÍVEIS

Terminada a fala de nosso benfeitor Bezerra, estávamos todos como que hipnotizados pelo afeto e pela autoridade com que externava seus conceitos.

Dissera ele muito bem acerca da surpresa que, durante muitos trechos de sua alocução, tomou-nos de assalto graças à franqueza e clareza com que explanava suas idéias.

Ele fora claro e fraterno, sendo que estávamos habituados somente com sua paternal e ilimitada complacência para com a extensão de nossas necessidades.

Percebia-se durante sua apresentação que irradiações muito intensas vinham de esferas superiores, para nós ainda desconhecidas, deixando evidenciar que, além de sua grandeza espiritual peculiar, realmente ele cumpria determinações excelsas frente aos assuntos dissertados.

Terminada a palestra, tivemos o ensejo de presenciar encontros inesquecíveis que merecem nossos registros, para que os corações na Terra meditem sobre as realidades impostas pela imortalidade na jornada dos antigos servidores da coletividade espírita.

Destacamos o abraço fraterno entre Torteroli e Bezerra que se olharam como irmãos queridos de longa caminhada; em canto discreto do salão, percebíamos um dos mais procurados para o abraço afetivo e a palavra amiga que era Jean Baptiste Roustaing, cercado por amigos da Itália e da França; em outra cena presenciamos amigos queridos vinculados às propostas do Pacto Áureo discutindo as graves medidas que os aguardavam: ali estavam Wantuil de Freitas, Manuel de Quintão, Armando de Oliveira Assis, Osvaldo de Mello, Djalma Montenegro Farias, Militão Pacheco e outros mais. Era indisfarçável o interesse de todos em fraternizar com os nomes que fizeram história no país como Rui Barbosa e Olavo Bilac, cercados por Freitas Nobre, Carlos Imbassahy e outros políticos e religiosos. Observávamos também as caravanas vindas de vários estados e países reunindo-se a esse ou àquele coração de seu interesse no campo do aprendizado, e no caso da caravana mineira, composta por um grupo valoroso de servidores, estava ao centro das considerações o nosso estimado Antônio Lima tecendo alvitres quanto ao futuro.

Para nós, porém, entre tantos encontros e reencontros, ficou gravado no coração o instante de abraçarmos o nosso benfeitor Bezerra.

Acompanhando-nos, discreta como de costume, a nossa Ermance Dufaux, que tem sido o coração de nossas movimentações espirituais.

Constatei surpreendido que os olhos de Bezerra dilataram-se com o aproximar de Ermance. Ele, que sempre ensaiava um termo ou outro na sua costumeira ternura, emudeceu-se, pegou as mãos delicadas da nossa amiga, beijou-as e disse:

"Filha, suas mãos representam troféus luminosos da vitória do Espiritismo nascente, quando as cedeste para a sublime consecução de "O Livro dos Espíritos", e se anseias por torná-las úteis novamente nos serviços do bem, providenciaremos rumos a teus inspirados desejos."

Ermance enrubesceu e lacrimejou, porque o sentimento elevado de Bezerra lhe havia sondado as profundezas da alma, percebendo-lhe a súplica velada na intensa disposição de contribuir com os destinos novos da causa.

Ela, num ímpeto generoso, mas guardando a típica fleuma de uma dama francesa, osculou com um fraterno afago a cabeleira do paladino, e sem dizer uma só palavra abraçou-o incontinente, com efusivo amor.

Terminada a atividade, olhamos para o infinito no firmamento e ficamos a meditar longamente sobre o que nos aguardava no futuro...

Psicografia de **Maria José da Costa Soares de Oliveira** e **Wanderley Soares de Oliveira**, extraída do livro **SEARA BENDITA**, editado pela Editora Dufaux.

---

(1) Realizado na cidade de Goiânia a 05 de outubro de 1999, em comemoração ao cinqüentenário do acordo de unificação, o Pacto Áureo.
(2) Nota da editora: o texto que segue é a descrição que o autor espiritual fez da palavra de Bezerra de Menezes.
(3) Congresso Internacional de Espiritismo em 1925 coordenado por Léon Denis.
(4) Mensagem recebida pelo médium Francisco Cândido Xavier, na Comunhão Espírita Cristã, em 20 de abril de 1963, Uberaba - MG, publicada na revista Reformador de dezembro de 1975.
(5) Mateus, 20:26 a 27.
(6) Obras Póstumas, segunda parte, Credo Espírita, Preâmbulo.
(7) Mateus, 5:46.
(8) A Gênese, Allan Kardec, capítulo XVII, item 32.
(9) Mateus, 10:1.
(10) O Livro dos Espíritos, questão 919a.
(11) Obras Póstumas, biografia de Allan Kardec.
(12) O Livro dos Médiuns, item 350.
(13) I Coríntios, 13:1.
(14) O Livro dos Médiuns, item 334.
(15) João, 13:35.

2ª PARTE

Debate com Euripedes Barsanulfo pelo espírito Ermance Dufaux

Prefácio
Nos Rumos da Esperança

"E, atemorizado, escondi na terra o teu talento; aqui tens o que é teu. Respondendo, porém, o seu senhor, disse-lhe: Mau e negligente servo; (...)"

Mateus, 25:25 e 26

No cenário das lides doutrinárias, vez por outra, ouvimos indagações que expressam o sentimento de saudade, de quem fica em relação àqueles que já partiram para além das dimensões da matéria.

Onde estariam muitos servidores da causa? Por que não trazem notícias mais freqüentes orientando os caminhos humanos? E quanto ao companheirismo nutrido em anos de trabalho, por que não escrevem uma palavra de afeto? A inesperada interrupção selada pela morte deveria ser apenas continuidade! – pensam alguns. Não seria de esperar que estivessem mais perto e nos dessem diretrizes mais claras sobre a vida futura? – indagam outros.

Somente transpondo os muros da morte, o homem poderá divisar com a necessária clareza, quais são os impedimentos para a palavra livre e salutar na relação entre mundos físico e espiritual. Inúmeros corações queridos da seara, a despeito das realizações meritórias que edificaram, não amealharam paz e sossego interior – quesitos elementares para uma manifestação educativa pelas sagradas vias da mediunidade.

Foram homens que prestaram bons serviços ao ideário, no entanto nem sempre fizeram quanto podiam por si próprios. Muitos deles fugiram do ato de burilar os sentimentos no cadinho da elevação moral. Podiam e deviam fazer mais...

Ocuparam-se, muitos deles, em demasia, com labores que julgavam essenciais, tais como: "proteger o Espiritismo", "zelar pelas tradições de suas casas", "atender aos estatutos", "serem fiéis à pureza filosófica". Tais condutas, mesmo enaltecidas pelas melhores intenções, são similares a daquele servo temeroso que recebeu *um talento, e aplicou-o como acreditava ser seguro; (...) escondi na terra o teu talento;* aqui encontramos o símbolo dos interesses voltados para "baixo". Valores perecíveis.

O mau e negligente servo da passagem evangélica guiou-se pelo sentimento de medo e tombou na omissão. Na tentativa de evitar as adversidades do meio, que em sua visão seriam prejuízos ao Empréstimo Celeste, vigiou o *talento* e esqueceu de si mesmo. Olhou para fora e descuidou de construir os Valores Eternos na intimidade. Teve ótimas aspirações, entretanto, não atendeu aos imperativos da natureza que empresta para multiplicar. Por isso, apesar da atitude vigilante, o servo optou pelo que julgava essencial, vindo a cair nas velhas ciladas da acomodação, impelindo-o a produzir distante dos açoites do sacrifício.

Muito será pedido a quem muito for dado[1], *Somos prejudicados não só pelo mal que fazemos, mas também pelo bem o qual podíamos e deixamos de fazer*[2]. Esses ensinos são muito repetidos nos celeiros doutrinários. Soam como cantilenas de advertência, entretanto, nem sempre são meditados com a clareza e profundidade merecida.

As indagações dos dirigentes nessa entrevista com o Benfeitor Euripedes Barsanulfo manifestam angústias e dúvidas de varios tarefeiros ainda no plano físico. Organizamos esses apontamentos na tentativa despretensiosa de oferecer aos amigos encarnados uma reflexão e alerta oportunos em torno da dolorosa questão do arrependimento tardio. As perguntas formuladas nos textos seguintes representam fielmente os anseios do homem espírita repleto de intenções nobres, embora ainda incipiente na arte de concretizá-los nas atitudes de cada dia.

A ausência do intercâmbio saudável com o mundo espiritual tem levado inúmeros servidores da causa, a fazerem da vida futura um princípio religioso sem maiores conseqüências em suas vidas. A consciência do que cerca a vida mental do trabalhador espírita nas esferas invisíveis é de fundamental importância, no melhor aproveitamento dos Talentos Divinos, na expansão da obra do bem e no serviço individual de libertação da consciência.

Por essa razão, a desilusão de muitos conhecedores do Espiritismo quando se aportam na vida do além, têm granjeado-lhes dramas que vão desde a angústia controlada até os mais complexos

---

[1]Lucas, 12:48
[2]O Livro dos Espíritos – questão 642

episódios de dores, somente solucionáveis com tempo e Amor.

Assim como existem entraves para a manifestação livre daqui para o mundo físico, igualmente existem percalços a serem vencidos pelos servos agraciados com os Talentos da comunicabilidade intermundos O conhecimento da imortalidade da alma, por si só, não renova, apenas esclarece.

Muita decepção e arrependimento pavimentam o caminho dos amantes da mensagem do Evangelho na erraticidade, quando não se rendem aos apelos de sua consciência na vida física. O sentimento é o núcleo desse processo de ouvir a voz interior. Somente através de perseverante labor auto–educativo, penetraremos nesse labirinto psicológico, devassando as causas de nossos conflitos, descobrindo as balizas de nosso progresso.

Sem repensar a condução de nossas "casas de amor" e sem renovar as atitudes de cada dia, dificilmente os conteúdos da Doutrina Espírita libertarão a consciência do jugo das ilusões.

Os grandes golpes coletivos do orgulho nascem sempre de pequenos descuidos com o personalismo do trabalhador, quando ainda nas tarefas singelas do centro espírita. Semelhante vivência impele–nos a pensar nos indispensáveis esforços na aquisição da convivência contagiante de humildade e despretensão, entre todos componentes dos conjuntos doutrinários. Nessa proposta, nossos grêmios de amor serão ninhos afetivos e celeiros educacionais com uma psicosfera vitalizadora, estimuladora da união legítima de corações, distante dos climas de animosidade e disputa que abundam em locais onde prevalece o individualismo.

Distante de nós quaisquer propósitos de recriminar. Nossa tarefa é a de acordar os homens na carne, para os resultados inevitáveis de suas atitudes ao chegarem na vida imortal. Os deveres prioritários de quantos desejem amparar em nome do amor, no corpo ou fora dele, deve ser sempre **cultivar a esperança** nos corações falidos ante suas consciências. Somente assim encontrarão forças para o serviço indispensável do recomeço. Esse tem sido o lema do movimento solidário das almas conscientes, que laboram pela implantação do bem na Terra.

Por essa razão convém–nos repensar as terminologias fracasso e falência – expressões limitadas para representar a condição da alma desviada de seus projetos, durante a passagem pela romagem terrena. Não existem falências, existem resultados... Não existem fracassos, existem efeitos... A Ordem Divina é recomeço e continuidade, trabalho e soerguimento.

Todavia, apesar das expressões amoráveis da Misericórdia Paternal, o drama de infinitos corações na sofreguidão consciencial deve ser analisado como um convite à reflexão e mudança aos que ombreiam com as responsabilidades espirituais no corpo físico. As distrações com os Bens e Talentos Celestes podem levar ao amargo fel da culpa tardia, através de variáveis lances de desequilíbrio e dor, além das fronteiras do desencarne.

Com muita esperança na alma por ter cooperado com a obra paciente da espiritualização humana rumo aos tempos da regeneração, entregamos nossas notas aos amigos e leitores com gratidão e alegria incontida,

Cícero Pereira – 01 de novembro de 2003

Data comemorativa do desencarne de Eurípedes Barsanulfo

Debate com Euripedes Barsanulfo

"Necessário que eu diminua e o Cristo cresça" João Batista
João 3:30

O debate a seguir foi realizado no Hospital Esperança[1] após as comemorações do cinqüentenário do Acordo de Unificação em 05 de outubro de 1999 na cidade de Goiânia. Experientes dirigentes espíritas recém–desencarnados debateram temas diversos com Euripedes Barsanulfo, tendo oportunidade de externar suas angústias e dúvidas sobre as tarefas na seara espírita.

Ante a riqueza das abordagens, fizemos as necessárias adaptações com a autorização do benfeitor, e destinamos aos amigos na Terra, em forma de síntese, esses roteiros de sabedoria e advertência em favor da causa que todos abraçamos junto ao ideal Espírita–cristão.

Ermance Dufaux – janeiro de 2000

1 – CINQUENTENÁRIO DO PACTO ÁUREO

Qual o significado da fala de Bezerra de Menezes na comemoração do cinqüentenário do Pacto Áureo?[2]

A inspirada palestra "Atitude de Amor" realizada pelo incansável servidor de Jesus significa um marco na história do movimento espírita dos dois planos.

Sua autoridade, em razão das outorgas a que foi investido para com os destinos do Consolador, é referencial do qual nenhum de nós deve afastar-se.

As mudanças que sua sábia palavra pode surtir na seara dos homens na carne são imprevisíveis, contudo, nós que nos achamos fora da matéria, percebemos, com clareza, o quanto repercutiram

---

[1] Obra de amor erguida por Euripedes Barsanulfo na erraticidade
[2] A palestra referida está contida na obra mediúnica Seara Bendita com o titulo "Atitude de Amor" – Editora Dufaux

suas idéias no coração e no cérebro daqueles que puderam ouvir–lhe os urgentes apelos e ponderações.

Em verdade, nesse conclave espiritual, logo após a oportuna e justa comemoração do cinqüentenário do Acordo de Unificação entre os homens, Bezerra de Menezes fez–se o digno portador de novas medidas oriundas de Planos Mais Altos da Vida a serviço do Espírito Verdade. É o cumprimento de determinações inadiáveis rumo à etapa de maioridade do Espiritismo na Terra.

Rogamos a Deus e a Jesus que os homens tenham *ouvidos de ouvir*[3] para considerarem a gravidade da hora, e com muita sensibilidade e dedicação possam se mobilizar para este tempo novo que se cumprirá inevitavelmente...

Qual avaliação fazer na comemoração do cinqüentenário do Pacto Áureo?

Uma excelente ocasião para, humildemente, pensar o futuro, corrigir as falhas do caminho e ampliar o raio de influência dos êxitos alcançados, agradecer a Jesus a oportunidade que nos oferece de contribuir em Sua Obra, mesmo com expressiva bagagem de limitações e declarar publicamente que os méritos do serviço na seara, por mais vitórias alcançadas, são todos do Espiritismo e não pessoais ou institucionais.

Esses cinqüenta anos de trabalho devem servir como avaliação, para verificar que o movimento espírita ainda encontra–se em sua infância, conquanto o contingente de experiência e aprendizado aquilatado.

Se tivéssemos de sugerir algo para que a coletividade espírita pudesse nortear os próximos cinqüenta anos, e servir de fonte inspiradora a todos os nossos programas de ação, lembraríamos João Batista ao dizer:

"Necessário que eu diminua e o Cristo cresça".[4]

Nesse roteiro encontramos as premissas para a instauração do espírito do Cristianismo no coração, pelas vias seguras da despretensão nos interesses pessoais. É o que todos carecemos.

[3] Marcos, 4:23
[4] João Batista – João 3:30

O conteúdo textual do Pacto Áureo encontra–se adequado às necessidades atuais da seara?

A legitimidade dessa proposta não está no documento textual, mas nos propósitos de união que inspirou e inspira na comunidade espírita.

Quando o homem educar sua personalidade na superação das tendências dogmáticas, perceberá o dinamismo da vida convocando–lhe a repensar seus conceitos, quantas vezes se fizerem necessárias. Somente assim garantirá vitalidade para suas normas textuais aos fins que se propõem.

Allan Kardec, em seu Projeto 1868, destaca sobre a importância de reciclar as idéias gerais de vinte e cinco em vinte e cinco anos[5]. Por que não tivemos a coragem de aplicar sua diretriz?

Como os Bons Espíritos vêem o movimento espírita?

Como uma abençoada enfermaria na qual os enfermos buscam a recuperação íntima no trabalho do amor. Necessário absorver essa visão com o coração, para que não tenhamos crises agudas da doença que mais nos acomete: o orgulho.

Nessa enfermaria, por falta do sentimento de humildade e reconhecimento das próprias limitações, muitos enfermos imaginam–se médicos com a solução para todos os problemas. São os doentes mais graves. Esse o maior drama do orgulho: imaginar–se numa condição que não é a nossa, e ainda querer que outros acreditem nisso!

A principal característica do orgulho é impedir o autoconhecimento, tanto quanto se deve. Por isso reconhecer as falhas com o pensamento é muito fácil, mas aceitá–las no coração e buscar a corrigenda, tem sido serviço somente para quantos reconhecem sua condição enfermiça, desejando ardente e sinceramente, a sua cura.

Se não olharmos para a seara espírita dessa forma, poderemos tropeçar na ilusão e cair nos braços do desânimo e da descrença, tão logo extingam as expectativas nobres que acalentamos uns em relação aos outros.

[5] Obras Póstumas - Segunda Parte

A despeito de alguns valores que já possuímos, nós que pronunciamos indefinidamente o nome de Jesus, precisamos assumir nossa verdadeira condição com base na própria afirmativa do Senhor: *Vim para os doentes e não para os que tem saúde.*[6]

Que conceito o plano espiritual tem sobre unificação?

Relacionamento é a alma da lídima unificação, e em todos os tempos à luz dos princípios doutrinário–evangélicos. Esse é o conceito mais fidedigno e coerente de unificar.

Precisamos adentrar um período de sinceras avaliações, se desejamos realmente cooperar para a construção de um movimento mais sintonizado com essa proposta.

Quesitos humanos imprescindíveis são exigidos de quem se propõe a esse mister.

Os gestores da cultura espírita, especialmente quantos se filiam às instituições mais influentes necessitam saber mais sobre o ser humano, a fim de não se tornarem enciclopedistas da unificação. Porque jamais teremos um programa sólido de fraternidade entre os espíritas, se desconsiderarmos que estamos lidando com sentimentos, tendências e particularidades. Um terreno de fértil diversidade a ser explorado pelo bem da causa.

Qual avaliação sobre unificação na atualidade?

Essa seria uma pergunta melhor respondida por Bezerra de Menezes a quem consideramos o "braço direito" do Espírito Verdade. As experiências no Hospital Esperança com grandes líderes que sucumbiram ante seus deveres espirituais, tem nos ensinado muito sobre a profundidade das necessidades da alma humana.

Desde as bases organizativas lançadas por Bezerra de Menezes em fins do século XIX até hoje, foi erguido um valioso abrigo para os postulados da codificação. Admiráveis e dedicados operários da causa consolidaram essa belíssima edificação. Entretanto, a pretexto de garantias postaram–se à frente da obra como guardiões atentos, mantendo portas e janelas cerradas, acreditando-se com a sensação de terem cumprido incomparável missão. De fato, não lhes podemos subtrair os méritos indiscutíveis. A atualidade porém, solicita o arejamento desse "templo de proteção", abrindo–lhe as janelas do entendimento ao pluralismo filosófico, e as portas do coração para

[6]Mateus, 9:12

que permitam a passagem de posturas éticas de fraternidade na convivência com as diferenças uns dos outros.

Semelhantes conquistas exigirão muita humildade e desprendimento de todos, a fim de conseguirmos nos desembaraçar do personalismo individual e institucional. A carência humana dos trabalhadores agraciados com o Consolador é o mesmo traço comum da humanidade. A necessidade de reconhecimento e o sentimento de superioridade pessoal são lutas a vencer. Por isso mesmo é importante que todos nós, cooperadores da seara, não nos encantemos com méritos que ainda não possuímos e doemo–nos à causa como alunos em aprendizado e não como missionários da hora.

Nossa avaliação é muito otimista quanto à unificação na atualidade. Gostaríamos de frisar, no entanto, que a razão desse otimismo é mais pelo zelo e amor do Espírito Verdade com as necessidades do movimento e dos espíritas que, propriamente, pelas vitórias valorosas, mas ainda tímidas que os homens já alcançaram.

Temos muito por construir. Estamos apenas começando. Graças a Deus!

Trabalhemos com amor, esse é o caminho de recuperação para aquisição da "alta médica" que todos almejamos nessa enfermaria valorosa.

Qual a importância da "pureza doutrinária"?

Toda doutrina precisa ter identidade, e quando se defende "pureza", nesse sentido, é uma ação necessária e justa.

A grande função do Espiritismo, enquanto doutrina, é moralizar princípios universais que são conhecidos de todos os tempos através das religiões e filosofias humanas.

Essa moralização, teoricamente, já foi consolidada por Allan Kardec no trabalho da Codificação, restando agora aos espíritas expressar o valor moral do Espiritismo através de seus exemplos de vida.

A Sabedoria do Espírito Verdade afiançou que o Espiritismo encontraria mais obstáculos em relação ao interesse que à convicção.[7]

[7] O Livro dos Espíritos – questão 798

Nós que nos dizemos Espíritas, cremos piamente nos fundamentos doutrinários, entretanto, defender pureza doutrinária sem advogar na vivência a essência dessa pureza é uma contradição, uma incoerência que tem como causa os interesses humanos.

Uma vez tendo os interesses pessoais ou institucionais ameaçados, em muitos casos a crença desfalece. Por essa razão a expressão "pureza doutrinária" tornou-se um código de padronização e censura no campo do entendimento, limitando excessivamente a versatilidade do Espiritismo prático e plural, aquele que toma cor e sentido na vivência particular de cada qual e de cada grupo. Some-se a isso que, via de regra, os que mais se aferram a essa senha de aprovação coletiva são os que, quase sempre, menos poder estão encontrando para superarem a si mesmos na conduta e na absorção dos conceitos flexíveis da doutrina, porque o padrão advogado na atualidade reflete forte inclinação dogmática que favorece a inércia e a adesão de fachada aos roteiros de crescimento espiritual.

Atualmente devíamos prezar mais a coerência doutrinária, ou seja, a fidelidade ao conteúdo teórico no campo da consciência e da aplicação, sem recriminações a ninguém. Imperioso tomar por base que Espiritismo é toda forma de interpretação que possibilite ao homem a sua espiritualização e melhora nos campos do bem, sem almejar confiná-lo aos estreitíssimos catres ideológicos.

Mais que nunca se torna dispensável o rigor defensivo para com os postulados doutrinários, mesmo porque isso será infrutífero, caso não decidamos provar com a própria conduta no trabalho e no aperfeiçoamento, o quanto esses postulados podem fazer pela nossa paz e felicidade. Usando uma metáfora, é como se guardássemos valiosa medicação protegida a "sete chaves" e da qual necessitamos urgentemente, enquanto a doença da alma prolifera sem continência.

A pureza filosófica desune. A pureza do coração sublima.

As instituições humanas que operam em nome do Consolador estão aptas a promoverem um trabalho unificador afinado com a proposta do amor?

Os Nobres Guias da Verdade propõem ao codificador duas medidas profiláticas do egoísmo na seguinte assertiva: *"À medida que os homens se instruem acerca das coisas espirituais, menos valor dão às coisas materiais. Depois, necessário é que se reformem as instituições humanas que o entretêm e excitam. Isso depende da educação".*[8]

Pugnemos por essa linha transformadora. Cérebro instruído, coração sensibilizado, mãos operosas, e grupos afetivos. Resumamos assim nossa alocução: homens educados na mensagem de Jesus, instituições inspiradas na "Casa do Caminho". Contra isso não há egoísmo que persista!!!

O grande desafio da coletividade unificadora espírita será o de transformar seus modelos institucionais nos cadinhos das chamas do sacrifício, sofrendo as dores intensas das labaredas da abnegação e do desprendimento, ressurgindo gloriosos na condição de forças aglutinadoras de solidariedade. Uma cooperativa de valores que propicie, realmente, estimular projetos e estabelecer parcerias que engrandeçam o nome do Espiritismo e do Evangelho, dizimando sua feição hierárquica e gestora para promover-se ao patamar de **facilitadora**. Nenhuma imagem talvez seja tão fiel para expressar semelhante conceito que o coração humano. Sua função é bombear o sangue, mas jamais opera a tarefa de criar o elemento sangüíneo desenvolvido pelas medulas ósseas. As medulas do organismo espírita são os centros pulsantes das interações humanas que ocorrem na esfera das relações de amor e fraternidade perene.

Por isso o grande mérito do movimento espírita, e sua promoção a novos e mais promissores dias, condicionam-se ao imperativo de aprender a trabalhar pela **formação de mentalidades**. As instituições têm nomes, história, cultura administrativa, tradições, anais, que se por um lado, são valores necessários no estabelecimento de sua identidade e respeito aos antepassados, por outra análise tem constituído-se em troféu de vaidade e álibis que patrocinam a sensação de vitória e merecimento, para muitos servidores de suas fileiras que sob hipnose do personalismo de grupo, encantam-se com direitos e olvidam os deveres. Engano lamentável que tem levado muitos corações sinceros a vasto campo de decepção além-túmulo. Seus dramas iniciam ao vislumbrarem com mais amplitude que tais expedientes, em muitas ocasiões, serviram tão somente como fatores de distração no empreendimento de sua jornada de autotransformação e melhoria moral. Decepcionam-se, revoltam-se, reclamam, para depois, bem depois, concluírem que foram alvo de terrível ilusão

---

[8] O Livro dos Espíritos – questão 914

provocada na sede de poder insuflada pelo desejo de destaque pessoal – o mais vil efeito do vício de prestígio!!!

Qual instituição unificadora tem atendido com mais fidelidade o programa de Jesus para a expansão de Sua mensagem?

O centro espírita. A "célula–mãe" da unificação.

A despeito do trabalho de estímulo e orientação prestado pelos órgãos de unificação, deve ficar claro ao movimento espírita, tão claro quanto for necessário, que a campanha do plano espiritual para o futuro da unificação como programa de coesão e paz entre os espíritas, destina–se a tornar o centro espírita como a entidade mais capacitada a promover as bases da família espírita do futuro à luz do Evangelho.

Nesse ambiente de convivência e labor, o Espiritismo toma vida e sentido, possibilitando o distanciamento dos excessos institucionais, e colocando o ser humano em contato com sua realidade profunda.

Advertimos aos lidadores espíritas que semelhante depósito de confiança do Mais Alto, apela para algumas transformações no fortalecimento desses núcleos de amor no cumprimento dessa tarefa.

Imprescindível será promover o centro espírita da condição de Escola de Espiritismo para Escola do Espírito no atendimento dessa demanda. Como Escola inspirada nas bases doutrinárias oferece ao homem sofrido o conteúdo e a rota apropriada para libertar–se da dor e assumir a direção de sua caminhada. Porém, somente como Escola do Espírito tornar–se–á um centro vivo de treinamento da convivência regenerativa e libertadora, através de relações sólidas e educativas, fazendo da casa doutrinária a célula da união espontânea e contagiante, que deverá envolver outras agremiações nesse clima, edificando a unificação pela fraternidade pura e motivadora.

Que os próximos cinqüenta anos de trabalho no movimento sejam para fortalecer e promover o centro espírita à condição de célula–áurea da unificação e casa–mater do amor, inaugurando o período da maioridade das idéias espíritas.

Gostaria de oferecer alguma sugestão oportuna aos trabalhadores da unificação na Terra?

Que estabeleçam uma permanente campanha pela cidadania nos deveres.

Cidadania que deve iniciar-se pelo rompimento de alguns dos direitos que supõem possuírem alguns condutores vinculados ao movimento unificador, crédulos nas missões gloriosas e superiores, com as quais se arriscam no campo da vaidade e bitolam o discernimento, espoliando de si mesmos a benção da paz interior.

Tal campanha deverá, igualmente, envolver a parcela dos companheiros entregues a apatia e submissos ao desanimo, participando das mudanças necessárias.

Cidadania é a tarefa urgente de conclamar os espíritas a uma participação colaborativa através de parcerias com total autonomia institucional, visando exclusivamente o ideário e elegendo os valores da pluralidade, do ecumenismo e da alteridade como bases de interação entre vertentes que operam na diversidade da seara, mas respaldadas no espírito da mais legítima tolerância e solidariedade.

2 – UNIFICAÇÃO CENTRADA NO SER HUMANO

Como considerar a união entre os espíritas?

Os elos de afeto entre espíritas não escapam da lei de atração.

A admiração espontânea que enlaça as almas no campo da simpatia ou os ímpetos de rejeição aos menos afins, são leis naturais no universo das relações. Por isso a definição de união entre aqueles que elegeram por roteiro de vida o Evangelho à luz do Espírito deve ser dilatada, buscando aprender a conviver com a diversidade humana.

Estar junto apenas daqueles que pensam como nós ou que aprovam a nossa personalidade sem restrições, pode ser perigosa armadilha projetada pelo personalismo. Imperioso a reciclagem dos hábitos, a fim de que a reeducação dos sentimentos enseje elos de confiança e solidariedade com quem seja, aderindo sempre a noção Cristã, na qual todos somos irmãos uns dos outros.

União somente com os simpáticos pode estimular o sectarismo e a exclusão tão combatidos pelo nosso Mestre.

A receita de Jesus é o amor incondicional. Ele afiançou: *"Nisto todos conhecerão que sois meus discípulos, se vos amardes uns aos outros"*.[9]

[9] João, 13:35

União é caridade uns com os outros – alma da legítima unificação.

O que será prioritário aos seareiros espíritas para que a unificação possa corresponder ao programa do Cristo?

Visão de vida elevada.

Como dissemos antes, os operários da causa, mesmo os mais devotados, não são almas virtuosas; são criaturas comuns e, sobretudo, necessitadas de realizarem em si mesmas as premissas de paz que pregam para a melhoria do movimento.

Diante disso, nem sempre conseguem superarem a si mesmos ante o caleidoscópio de exigências e apelos da tarefa, guardando-se descuidadamente, nas velhas atitudes de formalismo e ausência de sensibilidade interpessoal.

A unificação solicita, antes de tudo, que o servidor capte os anseios coletivos, que saiba fazer a leitura da subjetividade humana, atendendo quanto possível, às expectativas e carências de profundidade do espírito coletivo. Isso não será possível realizar sem ampla visão de trabalho comunitário, larga sensibilidade para com o próximo, permanente desejo de servir, inesgotável sede de aprender, sacrifício para devotar-se conforme as exigências e boa dose de coragem para desafiar as convenções mais aclamadas. Tudo isso naturalmente dentro do clima da mais pura abnegação pessoal e da fraternidade sentida e vivida.

No entanto, se o trabalhador espírita, preferir acreditar que já é o que gostaria de ser, assentando-se nas poltronas macias das formalidades que lhe causam a sensação de vitória, capacidade e grandeza, então estará demonstrando a visão acanhada que ainda possui, e adiando a concretização dos tempos de união e júbilo ainda não conhecidos em plenitude entre os seareiros.

O melhor exemplo de visão de vida elevada é Jesus. Jamais excluiu a ninguém pelas imperfeições que carregava; ofereceu serviço a todos; acenou com a igreja interior quando os apóstolos queriam um templo de pedra; perante os perseguidores intelectuais demonstrou com humildade a Sua sabedoria maior; deu um atestado de coragem sem precedentes perante Pilatos e a Lei Antiga. Nele encontramos o Guia e Modelo.

Se o homem que faz a unificação não cultivar elevação, certamente a obra não enaltecerá os anseios do Mestre.

Podemos inferir então que, em razão do conhecimento que possuímos, esperar-se-ia mais de todos nós, os aprendizes da mensagem espírita?

Os servidores da unificação situam-se, quase sempre, em evitar o mal e preservar a doutrina. Verificamos nessa atitude um enorme progresso considerando o passado comprometedor da grande maioria de quantos se aderem aos propósitos do bem, sob o teto do Consolador.

Somente isso, porém, não será suficiente ao futuro do projeto que exigirá as atitudes do bem em todas as oportunidades para desenvolver a convivência fraterna com simplicidade e despretensão – únicos caminhos éticos capazes de criar uma atmosfera adequada aos redentores princípios do Evangelho entre os co-idealistas.

Evitar o mal é dever, fazer o bem é tarefa de amor, mas a pergunta de Jesus permanece: *que fazeis de mais?*[10]

Se o mal que se faz constrange à reparação, o bem que deixamos de fazer perturba a marcha. Isso é a negligência para com as boas obras. Façamos tanto quanto poderíamos e deveríamos.

Não basta evitar emoções ruins; necessário conquistar as boas.

Estamos falando de humanização.

Como entender a humanização nos serviços de unificação?

Entramos o terceiro milênio da Era Cristã com conquistas apreciáveis no terreno da inteligência, contudo, não vencemos ainda os espaços que nos separam uns dos outros. Adquirimos diplomas e títulos do maior valor perante a sociedade nas cátedras das ciências, no entanto muita vez, não estamos preparados o suficiente para pedir desculpas a alguém.

Apesar de querermos, ainda não sabemos amar! Essa é uma verdade incontestável. Não sabemos conviver. Não sabemos incluir os menos afins. Não sabemos perdoar. Não sabemos construir a confiança ou ser solidários. São lições a aprender e que devemos ter urgência em aprendê-las.

---

[10]Mateus, 5:48

A unificação é um trabalho que deve ser norteado pela habilidade de relacionamento no cultivo dos valores éticos, para a edificação da convivência regenerativa.

E nós, que tratamos tanto sobre a regeneração no futuro da humanidade, carecemos iniciar a edificação dessa regeneração em nosso mundo interior.

Uma palavra jamais poderá ser esquecida, se desejamos atingir esse patamar de conquistas: educação.

Somente pela educação modelaremos os dois quesitos fundamentais para fazer das relações humanas, o modelo da regeneração na vida interpessoal. A confiança e a solidariedade.

Sem confiança e solidariedade não teremos a fraternidade que constitui a categoria dos mundos regenerados.

Portanto, quando falamos em humanizar a seara nos roteiros da unificação, estamos atraindo a atenção dos amigos reencarnados para lançarem-se ao esforço educativo da tarefa em equipe na arregimentação da confiança, e na ação permanente de estender os braços e corações uns aos outros na expressão da solidariedade.

A negligência com comezinhos deveres humanitários tem desarmornizado o sistema afetivo dos que "insensibilizam-se" para atenderem convenções de natureza exterior. Por isso as atitudes de indiferença ou exclusão, crítica ou menosprezo, mesmo que sob pretextos de preservação da gloriosa unidade doutrinária, são graves patologias das quais seus portadores terão que tratar em regimes de dor e arrependimento tardio na vida dos espíritos.

O "amor" institucional que despreza o próximo e ironiza dos menos experientes não é amor.

O embotamento do afeto desumaniza a seara.

Humanizar é ser fiel aos nossos sentimentos superiores e viver o amor acima de quaisquer convenções.

Qual deve ser o foco dessa campanha pela humanização?

Fazer da caridade o centro dos interesses de todos os que militam nas fileiras da união e da harmonia no movimento doutrinário.

Somente a caridade – alma da legítima unificação – conseguirá levar-nos a ter mais interesse uns pelos outros, e somente assim edificaremos a verdadeira comunidade de amor conforme as premissas do codificador quando afirmou: *"Esses grupos, correspondendo–se entre si, visitando–se, permutando observações, pode, desde já, formar o núcleo da grande família espírita, que um dia consorciará todas as opiniões e unirá os homens por um único sentimento: o da fraternidade, trazendo o cunho da caridade cristã".*[11]

Bezerra de Menezes tão citado entre os co–idealistas como sendo o "paladino da unificação" precisa ser lembrado não apenas como o "idealizador do sistema federativo". Muito, além disso, miremo-nos em seus atos de amor quando ainda na vida física.

Suas histórias deixam exemplos de corar a todos quantos encontram-se engalfinhados nas salas frias do institucionalismo.

Na honrosa instituição em que prestava sua colaboração, ele recebia os filhos do calvário à porta, com o sorriso terno e o abraço caloroso na condição do irmão menor e humílimo servidor, guardando até hoje esse traço celeste de sua individualidade. Ele era a caridade nas atitudes. Um agente da unificação que carregava em si mesmo o sentimento de proximidade e entendimento do qual, todos os aprendizes das entidades de coesão, deveriam estar impregnadas para honrarem com o exemplo o compromisso que envergaram.

O foco dessa campanha deve ser "A Casa do Caminho" – celeiro de abundante e espontâneo afeto entre todos.

Como poderíamos definir com mais clareza esse interesse uns pelos outros?

Consultando a questão 886 de *O Livro dos Espíritos* verificamos que o codificador apresentou sábia questão aos Bons Espíritos acerca de como Jesus entendia a caridade.

As Sábias Vozes da Verdade deram–lhe uma resposta que define um autêntico programa de humanização para nossa coletividade doutrinária.

Perdão das ofensas, indulgência para com as imperfeições e benevolência para com todos.

Perdão e indulgência são movimentos interiores para evitar-se o mal provocado pelas reações intempestivas. Todavia, benevolência para com todos é a ação concreta no bem geral através dos infinitos

---

[11] *O Livro dos Médiuns* – capítulo XXIX – item 334

caminhos que a vida nos permite agir. Isso somente será possível quando nos interessarmos mais uns pelos outros vencendo a barreira espessa do egoísmo alienador.

Esse interesse é a criação de todo o bem que pudermos fazer escapando aos constringentes limites impostos pelos padrões e normas cerceantes, permitindo seguir as pegadas do coração.

Como interpretar os antagonismos em matéria doutrinária nos grupos espíritas?

Todo antagonismo exercido com fraternidade é fonte de crescimento.

Não podemos nos iludir com a possibilidade de ausência de conflitos como referência de fraternidade real.

O que necessitam os seareiros é aprenderem a se comportar como devem nas situações difíceis dos antagonismos desgastantes, à luz dos princípios evangélicos que pregam o amor.

O movimento espírita até hoje progrediu pela força dos antagonismos. Lamentáveis apenas são as oportunidades perdidas por muitos, para o perdão e o afeto.

Tudo são atrito e evolução na natureza. Não escaparemos dessa Lei. Os que sonham com a uniformização como critérios de fraternidade estão soterrados nos escombros psíquicos das velhas estruturas de hegemonia religiosa. Mesmo nos planos maiores tudo é diversidade no "bom combate".[12]

Se houvesse um pacifismo inerte na comunidade espírita desde suas raízes, não teríamos muitas conquistas importantes até agora alcançadas. Além do que correríamos um risco maior ainda de dogmatização.

Saibamos divergir e ser antagônicos no campo das idéias, sem ser contra aqueles que não pensam como nós, sem amar menos aqueles que entendem diversamente os caminhos. Esse é o aprendizado chamado alteridade – a convivência pacífica com as diferenças uns dos outros.

Que o amor vença a inimizade e que a humildade destrone o melindre.

[12] II Timóteo, 4:7

3 – OUTORGAS E MISSÕES

Como entender a questão da outorga espiritual conferida a honrosas instituições da seara por parte dos Espíritos Superiores?

Outorgas são confiadas a homens que se organizam e sustentam aspirações coletivas, muito além do individualismo. Portanto **ordem e meta** constituem os ingredientes básicos para a delegação de missões no orbe terreno.

Outorgas espirituais são delegadas, cassadas ou transferidas sempre em obediência aos fins enobrecedores a que se propõe.

A educação e a felicidade humanas são as grandes metas de Mais Alto para os destinos da humanidade. Nessa conotação sublime movimentam-se todas as instituições da Terra, sendo que umas encontram-se mais próximas, outras mais distantes de semelhante tentame.

A importância que as instituições adquirem na sociedade humana nem sempre representa a importância que elas têm para a libertação individual da alma. Nesse prisma podemos incluir as agremiações doutrinárias que, mesmo realizando valoroso serviço de instrução espiritual, nem sempre conseguem transpor os limites impostos pelos vícios comuns do egoísmo, organizando-se espiritualmente para prestimosos serviços, mas nem sempre atingindo o cerne da grande proposta de renovação e simplicidade da Augusta Mensagem de Jesus, resumida na palavra **educação**.

A educação deve ser a seiva do programa de unificação, e se, as organizações temporais a quem foram outorgadas a tarefa de depositárias da Cristianização e da paz na comunidade, vierem a falir no seu dever primordial, a transferência da outorga será inevitável. Para isso temos que oferecer melhores esclarecimentos aos irmãos da Terra acerca da ordem e planejamento que coordenam os caminhos do Espiritismo e do movimento, para melhor aferirem com o próprio discernimento, qual a avaliação do Mundo Maior em relação aos passos dados pelos homens em torno da causa espírita.

Em se tratando do sistema unificador, como compreender a outorga proclamada a uma única instituição no inspirado livro "Brasil, Coração do Mundo, Pátria do Evangelho"?

Com todo respeito que devemos uns aos outros, convenhamos

que há muita distorção no entendimento acerca da questão proposta nessa magnífica pérola da literatura mediúnica.

A outorga foi conferida inicialmente a Bezerra de Menezes, quando ainda na erraticidade, na condição de depositário das esperanças missionárias relativamente à união e harmonia na lavoura do Cristo em solo brasileiro. Como um articulador cônscio da tarefa a ele designada, empenhou seus esforços para atender aos dois requisitos elementares para fazer–se credor da outorga: ordem e aspiração superior.

Cerrou então fileiras junto à honrosa Federação Espírita Brasileira em fins do século XIX cumprindo com o critério da ordem no estabelecimento de uma estrutura confiável. Como caminho natural, essa instituição humana herdou a responsabilidade conferida ao apóstolo. Portanto, seria justo esperar a continuidade de seus heróicos exemplos de amor, coerência e caridade que constituíram suas aspirações elevadas materializadas em forma de atitudes.

Entretanto, consta nos registros da vida espiritual, que após seu desencarne, a onze de abril de 1900, face os sucessos da semeadura inicial, o Espírito Verdade confiou–lhe em definitivo os caminhos do Espiritismo no Brasil, tornando–se assim seu fiel servidor, tendo a seu dispor imensuráveis recursos de concessão e amparo nos rumos do Consolador. Na vida dos espíritos, ampliando ainda mais sua visão de futuro e as possíveis necessidades que o serviço unificador exigiria no futuro, rogou a Maria, a sacrossanta Mãe de Jesus, com quem mantém elos de tempos imemoriais, que pudesse permitir a reencarnação dos vanguardeiros da caridade que confeririam ao movimento o seu caráter caritativo. Reencarnações essas que passaram a ser tuteladas pelo missionário em regime de permanente assistência. Graças a esses baluartes do amor cristão podemos registrar com tranqüilidade a feição assistencialista e filantrópica do movimento, eliminando de todo as possibilidades de converter, irreversivelmente, os templos espíritas em redutos de ocultismo com fortes tendências aos sistemas iniciáticos e esoteristas.

Enquanto vários companheiros a essa altura já se encantavam com o choro dos espíritos nas sessões de doutrinação ou com o comando das fileiras espíritas através de rígidas hierarquias de uniformização, obras de amparo e caridade, sob a égide do Mais Alto, destronaram em muitas almas distraídas a inatividade dos braços levando-as a pensar nas necessidades do próximo no mundo físico. Iniciativas essas, sem as quais, os caminhos poderiam conduzir os centros doutrinários à condição de salas de mediunismo ou templos institucionais sem operosidade.

Com o surgimento da cultura da caridade não faltou trabalho a ninguém. O consolo e o amor foram eleitos pela coletividade como critérios seguros de prosseguimento da causa. Isso, imperceptivelmente, limitou o raio de influência da ação institucional até que os administradores da seara pudessem amadurecer e ter melhores noções de cooperação coletiva.

Quando surge em linhas claras na obra "Brasil, Coração do Mundo, Pátria do Evangelho" a confirmação do depósito feito pelo Mais Alto a tão nobre instituição humana, por volta de 1938, já tínhamos um ambiente fértil a novas experiências de coesão para a comunidade.

O que inicialmente fora conferido ao "médico dos pobres" transfere-se para um grupo mais amplo na multiplicação das esperanças dos céus em um futuro mais pacífico e fraterno entre os espíritas.

Não podemos em tempo algum deixar de entender a Federação Espírita Brasileira, naquele momento histórico, como o grupamento mais apto a receber essa grande oportunidade.

Dez anos depois, em 1949, os homens assinam sua aceitação plena para com o chamado do Mais Alto através do Acordo de Unificação – mais conhecido como *Pacto Áureo*. A partir de então a outorga confiada é motivo de aprofundadas avaliações na Vida Superior considerando os destinos novos que eram esculpidos no torrão brasileiro...

Como analisar a questão de hegemonia em assuntos de união afetiva?

A outorga natural de Planos Maiores existe como incomparável oportunidade de ministrar rumos sem avocar o comando. Essa delegação não encerra em si mesma o ilusório direito de centralização, que assinala perigoso engano da vaidade humana.

E, convenhamos que, ministrar rumos, implica, sobretudo, em orientar a mais singela célula erguida com o mastro espírita. Nesse sentido, todos que tenham algo útil a oferecer podem e devem colaborar nessa obra da unificação espontânea sem demarcações institucionais.

Os servidores das organizações espíritas de adesão precisam estar atentos, porque se a reformulação interpretativa e conceitual da unificação não nascer no seio honroso delas próprias, vencendo as barreiras do personalismo institucional, ela florescerá além muros do convencionalismo, através de planteis produtivos de renovação cultural, pluralistas, libertários e éticos.

Ministrar rumos, mais que expedir normas de controle e coação elaboradas nos gabinetes da intelectualidade, significa servir e passar, exemplificar e delegar, conquanto observemos lamentável inversão nessa ordem divina...

Seria magnífico e estóico ver homens leais à Verdade de suas consciências descendo dos pedestais do formalismo, assumindo sua falibilidade, e cerrando fileiras com essas novas vertentes que brotam vigorosas, consumando extensa e irreversível frente de serviço pela liberdade do Evangelho em nossa Seara.

Encontramos no movimento espírita o que poderíamos chamar de uma luta improfícua por controle ideológico, que nasce da intransigente necessidade humana de "posse da Verdade" – velho hábito cristalizado em milênios de orgulho. Todavia, a instituição mais nociva que pode existir para uma boa causa, é a proclamação da unanimidade que tem assolado em todos os tempos as sociedades humanas.

Contudo essa luta interpretativa só pode interessar a quem ainda esteja submisso ao impulso de entronizar a verdade pessoal ou de grupos em regime de institucionalização. É campo de atração para quantos guardam compromissos e necessidades de aprendizado ostensivos com a posse e o orgulho. Assim afirmamos porque a história está feita até aqui e se algo devemos promover não é sua reconstrução e sim novos caminhos.

Esse quadro constrangedor apela para a mais lídima fraternidade de quantos estejam conseguindo libertar-se das amarras do convencionalismo prejudicial. Inspire-nos a idéia de que o poder organizado é uma ala na enfermaria do movimento espírita onde se encontram doentes em estado grave a requisitar muita oração, piedade e exemplos nobres de humildade no trabalho ativo e transformador. Afora isso, as próprias circunstâncias, decorrentes da excessiva distração das almas viciadas no prestígio e na necessidade de controlar, serão fatores educativos indispensáveis na recuperação do discernimento e da coragem para romperem, pouco a pouco, os elos inferiores que os aprisionam. A morte, por sua vez, será outra mestra e benfeitora insubstituível com suas surpresas e golpes inesperados, que marcam profundamente o espírito imortal com ensinos eternos.

Como avaliar o Pacto Áureo ao qual os espíritas emprestam enorme valor e respeito para os destinos da causa?

O Pacto Áureo, sob análise espiritual, representa o conclave em que os irmãos da Federação Espírita Brasileira assumiram livre e conscientemente a responsabilidade de serem o exemplo a ser seguido nos objetivos da união e da concórdia entre os espíritas, devotando suas vidas no sacrifício e na abnegação para o bem incondicional da causa.

Os homens espíritas têm toda a razão de verificar no Pacto Áureo um acontecimento de valor.

Também no plano dos espíritos foi celebrado com júbilo o movimento humano que projetaria melhores dias para o Espiritismo. Ocorre que a lógica dos homens nem sempre é a lógica das Esferas Elevadas.

O respeito incondicional do Espírito Verdade jamais poderia traduzir ingenuidade e omissão perante a grandeza das responsabilidades com a semeadura dos princípios universais nas sociedades terrenas. Por isso mesmo, tão logo os homens tomavam medidas valiosas de aglutinação de forças em torno do Pacto, Bezerra de Menezes prontificou-se, novamente, a rogar ao Mais Alto a intercessão em favor da reencarnação de oitenta líderes que renasceriam com funções de instaurar os germens do ciclo de maturidade da causa, os renovadores sociais – almas destemidas que reencarnariam pela segunda vez no clima espírita um tanto mais preparados para a tarefa da regeneração social, conforme os assentos de Allan Kardec na Revista Espírita de dezembro de 1863 sob designação "Período de Luta".

Se o paladino pediu na primeira metade do século XX a reencarnação dos referenciais de caridade, antecipando um possível futuro de clausuras e misticismo no seio das organizações doutrinárias, não seria sem motivos que agora rogava por aqueles que pudessem renascer em condições de fazer vicejar forças produtivas de serviço coletivo centradas na vivência do Evangelho sem a fragilidade das fachadas meramente convencionais. Eles são os elementos catalisadores do Espiritismo plural e humanitário, defesas valorosas para o possível engessamento dos postulados doutrinários em excessivas tradições no irreversível sistema de priorização estatutária em detrimento da humanização e do amor na seara.

Em sua maioria, esses líderes retornaram à carne tão logo se concretizou a assinatura do Pacto Áureo, esforçando-se para tornar seus dias mais produtivos em favor da coletividade coincidindo com o fechamento do milênio, e a abertura da terceira etapa de setenta anos do Espiritismo na Terra, quando então estarão sendo fincadas as bases para sua **maioridade** entre os homens, conforme preconizou Bezerra de Menezes em sua magistral palestra "Atitude de Amor".

Quem imagina que os rumos do Espiritismo caminham ao sabor dos fatos demonstra infantilidade de entendimento e ignora o tamanho dos esforços e a ordem que presidem os seus dias na Terra, antes mesmo do trabalho magnânimo do codificador.

A falta de notícias nesse tema criou uma cultura de supervalorização de sua história social humana, enquanto nos bastidores da vida espiritual, abnegadas e destemidas almas, servem anonimamente no labor de esculpir-lhe a excelência e solidez de fé e amor das primeiras células do Cristianismo, resgatando a sua característica de simplicidade e fraternidade no espírito do Evangelho Redivivo nos corações de seus profitentes.

Nossa tarefa é incentivar os esforços mínimos dos homens até que obtenham mais recursos para aceitarem e entenderem com melhor proveito as verdades que cercam os roteiros do Consolador sobre o orbe.

A boa condução dos destinos da causa passa por esse cuidado de ancorar bóias de segurança demarcando as rotas para uma navegação sem os encalhes e desastres típicos, quando em áreas de colisão e perigo.

Não será imprudente afirmar e relembrar sempre que a obra não nos pertence e está sendo devidamente cuidada pelos componentes da Falange Verdade – servos fiéis de Jesus na erraticidade cujo único acordo que estipularam entre si foi de amar indistintamente a todos em quaisquer posições.

4 – LÍDERES, ÍCONES E MISSIONÁRIOS.

Os oitenta líderes preparados por Bezerra de Menezes seriam missionários na transformação da seara?

A grande maioria é composta por almas sedentas em superarem o orgulho e o prestígio pessoal que ainda carregam, em razão de malfadadas existências no religiosismo estéril. Serão bem sucedidos se souberem usar a ampla capacidade de visão religiosa que possuem, para desenvolver formas criativas de operar a construção de relações afetivas. Afetividade que fomente mais motivação entre os confrades, sobrepondo o amor institucional, e abra caminhos maduros a uma maior interação social entre a comunidade espírita e a sociedade.

O imperativo cultural da convivência na diversidade será medida irremediável a toda organização que deseje acompanhar o progresso que aponta para o ecumenismo ético, independente da concordância filosófica.

Fenômenos sociais de unificação econômica, política e intelectual desenvolver–se–ão em todos os continentes, convocando os homens a repensarem as posturas e as idéias em todos os setores das atividades humanas. Esse quadro social solicita muita abertura no coração para criação de elos saudáveis com as diferenças uns dos outros.

Esses líderes ampliarão largamente a sensibilidade social e a inteligência afetiva que lhes permitirá a instauração dessa condição de compreensão para com o outro. Em sua maioria são "espíritas de segunda vez", trazendo sedimentado na alma a atração natural para a concórdia. Alguns deles participaram dos primórdios do Espiritismo na França e no Brasil, angariando sólidas noções sobre a organização da doutrina e muitos valores espirituais pessoais. Retornam para continuarem o que começaram.

Por outro lado, se usarem da capacidade de pensar e articular apenas para promoverem dissidências com ares de reputação pessoal, então terão profundas decepções e desânimo que os induzirão a ficarem à margem do caminho. Muito fácil criticar e ter idéias, difícil é criar caminhos e testemunhar a seriedade das idéias que muita vez defendemos, em contraposição às que já são aceitas pela maioria. Esperam–lhes um desafio de sacrifício e coragem em tarefas coletivas de grande vulto. Todavia, se souberem trabalhar por idéias e projetos, esquecendo-se de si mesmo, obterão farta colheita.

Cooperarão com o progresso da doutrina através da implantação de modelos de serviço voltados para a sociedade, alavancando vínculos mais efetivos nas responsabilidades comunitárias e no atendimento de necessidades humanas, às quais nem sempre o centro espírita encontra-se devidamente apropriado para atender. Serão eles os preparadores do período social aludido pelo codificador e terão trânsito livre nos corredores institucionais, graças à postura límpida e honesta com que efetuarão suas premissas de labor.

E os assinantes do Pacto Áureo seriam missionários?

Tivemos em Bezerra de Menezes o missionário da unificação pelas idéias e, sobretudo, pelos exemplos de caridade dentro da própria sede da instituição unificadora que honrou com suas atitudes. Os que vieram depois, com raras exceções, seguiram-lhe apenas as idéias, entretanto os exemplos e intenções...

Almas com grande habilidade na arte de dirigir, foram chamadas na condição de discípulos, embora alguns corações invigilantes sentem-se como apóstolos investidos de tarefa incomparável. Seus deveres deveriam concentrar-se em ajudar o movimento espírita a pensar o futuro, e facilitar, pelo exemplo, o clima da convivência autêntica em relacionamentos leais e amigáveis.

Certamente, a tarefa de guardiões lhes foi outorgada. Entretanto, os guardiões do Cristo devem ser ativos e precavidos em relação às históricas ciladas que corromperam os grupos religiosos de todas as épocas com os desvios atraentes das vantagens pessoais.

Os aprendizes da unificação deveriam ser definidos como pastores, e o dever dos pastores é conduzir o rebanho ao aprisco seguro. Essa tarefa exige conhecer com detalhes os perigos da viagem e tomar os precisos cuidados para evitar que as ovelhas não sucumbam aos ardis do encantamento e desaproximem-se em demasia da manada. E como conduzir sem antecipar necessidades? Como conduzir sem visão de futuro? Como conduzir sem prevenção? Como conduzir sem delegar responsabilidades?!

Podemos considerar o notável médium Francisco Cândido Xavier como um missionário?

Francisco Cândido Xavier é bem o exemplo da estrela fulgurante que ninguém ousaria tirar-lhe o mérito de missionário do Cristo brilhando nos céus universais. No entanto, na grandeza de sua alma abdicou desse título justo para colocar-se na condição de homem comum, revelando-se incansavelmente como servo de todos nos charcos do sofrimento humano.

Inelutavelmente, ele é o missionário do Evangelho aplicado no século XX.

Bezerra de Menezes costuma asseverar que, depois de Kardec, ele é o servidor que consolidou com mais legitimidade as aspirações do Espírito Verdade, para o futuro do Espiritismo na humanidade.

É imprescindível que os companheiros de ideal deixem de enaltecê-lo como "médium perfeito" e passem a atentar com maior interesse nos exemplos de vida do homem em aprimoramento, que ainda não galgou todas as etapas da trajetória para Deus, e que soube não só evitar o mal, mas acima de tudo construir o bem a mancheias.

Que importância representam os líderes considerados ícones no movimento espírita?

Toda coletividade que se consolida como movimento tem suas referências a partir das balizas inspiradoras de seus líderes e expoentes.

O que será infrutífero para a causa que abraçamos, é o cultivo dos mitos através da idolatria. Uma postura incompatível com a fé racional.

Quaisquer concessões ou privilégios a quem tenha se dilatado em experiência, será fascínio injustificável nos rumos do sentimentalismo.

Ouçamos nossos líderes e aprendamos com incondicional tolerância porém, jamais tomemo-los como instrumentos infalíveis da Verdade por mais valorosos que sejam.

Registremos, entretanto, que os tempos novos que se avizinham trazem como paradigma de realizações o serviço em equipe. Isso será amplamente benéfico aos propósitos do ideário, considerando que o objetivo de todos nós é diminuir a expressividade individual para glorificação das idéias que defendemos. Ao mesmo tempo, constituirá medida defensiva contra as arremetidas imprevistas do personalismo e do orgulho.

Em que condição chegam os dirigentes espíritas no mundo espiritual?

Como aqueles que mais receberam para obterem o êxito em suas reencarnações.

Se o proveito foi bom, avançam no progresso em apenas uma existência, o que muitos deles não avançaram em séculos ou milênios.

Se desperdiçarem a ocasião, os dramas são variados e dignos de piedade.

Será surpreendente e incomodo a nossos irmãos dirigentes espíritas na carne, suporem que antes do berço, muitos deles foram resgatados de regiões inferiores na erraticidade. Mais doloroso ainda será admitir que muitos companheiros espíritas das linhas de frente, foram doutrinados verbalmente nas sessões mediúnicas, a exemplo dos chamados "obsessores" nas nossas tarefas de intercâmbio em razões de suas cristalizações religiosas de adorno.

Somente o Espiritismo poderia dar asilo afetivo e intelectual a almas tão visionárias, aptas a comandar e que fizeram suas últimas peregrinações carnais, sob a tutela dos regimes das religiões tradicionais.

Retornando a oportunidade reencarnatória, muitos impulsos consolidados nas transatas vivências reaparecem na forma de hábitos que os inclinam a repetição. Notoriedade, ritualismo, menor esforço, expectativas de proteção especial por parte dos espíritos, cultivo de tradições, adoção de posturas pudicas, e tantos outros comportamentos herdados do passado apresentam–se novamente em sua conduta.

Os condutores espíritas precisam ajuizar com mais profundidade a sua história espiritual. Muita vez, isso só será possível através do intercâmbio saudável e equilibrado com o mundo dos espíritos. Uma "anamnese" poderá ser elaborada, pouco a pouco, desde que os condutores assumam postura de aprendizes, guardando leal interesse pela sua melhoria e elevação.

O conhecimento paulatino e isento de curiosidades mórbidas desses quadros espirituais levarão os homens espíritas a meditarem mais seriamente, sobre a gravidade de suas trajetórias como espíritos em aperfeiçoamento. Essa noção poderá contribuir para o rompimento com as ilusórias avaliações de grandeza que acometem muitos corações, atraídos pelos encantos das homenagens e elogios, que nutrem o velho vício de prestígio da maioria de nós.

5 – PRÁTICAS ESPÍRITAS E INSTITUCIONALIZAÇÃO

O Espiritismo tem sido institucionalizado?

Toda doutrina necessita da institucionalização, o problema é o excesso. O excesso existe quando as convenções são mais importantes que o amor.

Toda idéia moral que permanece por tempo demasiadamente prolongado no cérebro sem provocar efetivas renovações no sentir e no agir, nos métodos e nas estratégias coletivas, tende a ser foco de convencionalismo excessivo.

Essa é a forma que o homem encontra para sentir–se com um pouco mais de autoridade, perante os persistentes e sacrificiais apelos da consciência, com os quais ele não quer se comprometer tanto quanto devia.

Como entender a institucionalização das práticas espíritas?

Onde existem dogmas, proliferam os formalismos.

Muito natural que em mentes recém desvinculadas dos arquétipos religiosos exteriores, haja fortes reflexos do ritualismo e do misticismo nas atitudes.

Incompreensível porém, são as atitudes de desamor que já temos condições de suprimir e nem sempre as renovamos, preferindo as ilusórias sensações do prazer de discriminar, excluir e difamar com intuitos de supremacia pessoal.

Reflitamos na oportuna questão de Allan Kardec:

"Com efeito, como poderá um homem, bastante presunçoso para acreditar na importância da sua personalidade e na supremacia das suas qualidades, possuir ao mesmo tempo abnegação bastante para fazer ressaltar em outrem o bem que o eclipsaria, em vez do mal que o exalçaria? Por isso mesmo, porque é o pai de muitos vícios, o orgulho é também a negação de muitas virtudes. Ele se encontra na base e como móvel de quase todas as ações humanas. Essa a razão por que Jesus se empenhou tanto em combatê–lo, como principal obstáculo ao progresso". [13]

---

[13] O Evangelho Segundo o Espiritismo – capítulo X – item 10

As práticas espíritas, a exemplo dos modelos institucionais do Cristianismo Primitivo, deveriam ser livres, espontâneas e simples. Os padrões e a disciplina, o preparo e o estudo são úteis até o ponto em que não cerceiam a capacidade grupal de criar seus próprios métodos e caminhos, ao encontro do Espírito encarnado com sua própria espiritualização. O critério de unidade doutrinária precisa ser revisado pelos amantes da causa, para não cercear o que há de mais enriquecedor no espírito cristão: a criatividade e o bem–estar de conviver.

Allan Kardec destacou a importância da unidade para o futuro da doutrina. Como entender essa unidade?

Tudo no universo é sustentado pela unidade. É um princípio cuja finalidade é direcionar o progresso a fins Divinos.

Em se tratando do Espiritismo, a unidade deve assentar–se em valores morais em detrimento dos institucionais.

Elejamos esses valores como sendo a **lógica e o amor** e teremos um movimento forte, capaz de encarar a razão em qualquer época da humanidade.

Lógica para o cérebro e amor para o coração. Equilibro e unidade na ascensão do Espírito.

Com essa formula, resguardamo–nos dos inconvenientes da intransigência e do desamor que se agregaram aos códigos de exclusão, criados pelo homem através do purismo filosófico–religioso.

Por onde estariam os velhos trabalhadores da unificação que um dia tiveram tão expressiva parcela de atuação junto às fileiras doutrinárias? Por que não oferecem notícias e orientações ao plano físico, guardando–se em incompreensível silêncio perante os encarnados?

Estão no serviço ativo, aqueles que souberam conquistar o poder interior de negar a si mesmos. Aqueles outros que optaram pelos pináculos da força exterior encontram–se na recuperação de seus destinos.

Porém muitos médiuns têm se tornado reféns do silêncio, seqüestrados pelo medo do novo, mantendo–se cativos dos padrões aceitáveis ao invés de superarem as "barreiras do arquétipo" em busca da Verdade. A questão do silêncio dos espíritos tem muito a ver com a perniciosa omissão. Vários medianeiros preferem o aplauso dos homens a serem alvo de chacotas ou críticas que não gostariam de ouvir a seu respeito. Muitos optaram por servir às convenções e, mesmo aqueles que conseguem ultrapassar a esfera do aceitável, ainda assim, recolhem-se em quadros de receio e dúvida acerca das notícias consideradas impróprias para a hora, perdendo a bela oportunidade de serem as balizas de novas sendas.

Tudo isso, única e exclusivamente pelo problema de prestígio pessoal.

As Sábias Vozes de Mais Alto tem muito que pronunciar. Faltam os intermediários que decidam por romper o convencionalismo e que, inspirados na lógica do pensamento espírita e na vivência do amor, possam recolher as notícias do Mais Além em favor das sendas do aprimoramento humano.

A tarefa dos médiuns é crivarem suas comunicações dos critérios de unidade na lógica e no bom senso, oferecendo-se para servirem onde e como forem chamados, sem direito a escolherem a natureza dos chamados, conquanto devam ser conscientes e seletivos à natureza de suas produções mediúnicas.

O personalismo tem sido, quase sempre, o grande obstáculo que reforçado pelas instituições tem impedido aos companheiros na carne os novos experimentos, para erguimento e ampliação dos conceitos da imortalidade em vários temas ainda não enfocados.

Não referimo-nos a "invencionices" e novidades da hora que podem constituir sofismas quando nascidos do exercício prematuro das forças psíquicas. Destacamos sob esse enfoque, os médiuns que são convocados depois de larga faixa de tempo no preparo para exercerem uma tarefa específica.

A ausência de janelas mediúnicas nas fileiras do serviço unificador tem ensejado uma visão parcial e limitada da extensão das necessidades, e da ação do mundo dos espíritos nos mais variados assuntos atinentes à união dos espíritas.

Somente através da criação de relações educativas entre esferas de vida, física e espiritual, será gestada a nova ordem de idéias para o crescimento e expansão do ideário Espírita em direção á regeneração.

Uma nova "proibição de falar com os mortos" parece ter dominado certa parcela dos ambientes de trabalho cristão, trazendo lamentável prejuízo na visão de seus aprendizes. É a institucionalização nas práticas gerando obstáculos ao dialogo entre mundos. Retardando a Verdade.

Vive–se nesse terreno tão significativo da seara o *slogam* "Espiritismo sem Espíritos", distanciando os homens da alma viva e radiante dos Numes Tutelares, que orientam todas as movimentações na esfera das realizações unificacionistas.

Não podemos deixar de mencionar que os escrúpulos de muitos médiuns são compreensíveis, em muitos casos, pela falta de apoio e condição de seus próprios orientadores no plano físico que, igualmente se encontram escravizados pelo dogmatismo. Sem o ardente desejo de prepararem–se melhor para os deveres que assumiram. Sem gosto pelo desafio a si mesmo.

Mas Jesus deixou claro a respeito desse tema a seguinte colocação em *Lucas, 19:40*:

"E disseram–lhe dentre a multidão alguns dos Fariseus: Mestre repreende os discípulos".

"E, respondendo ele, disse–lhes: Digo–vos que, se estes se calarem, as próprias pedras clamarão".

Os bons espíritos oferecem amparo especial aos trabalhadores da unificação?

Os bons espíritos cujo coração se encontra isento dos preconceitos, amparam indiscriminadamente a todos. Evidentemente, aqueles que oferecem maiores testemunhos de amor, assimilam em mais larga escala as suas benesses e atraem com maior constância a presença dos Servidores do Bem.

Pela delicadeza e importância da tarefa, os trabalhadores da unificação que receberam a concessão de servirem à coletividade em nome de Jesus são dignos de auxílios especiais, para que tenham resistência no cumprimento de seus árduos deveres.

Isso porém, em tempo algum significa preferência ou privilegio.

Assim considera Allan kardec essa questão:

"(...) é preciso saibais que há pessoas pelas quais os Espíritos

superiores se interessam mais do que outras e, quando eles julgam conveniente, as preservam dos ataques da mentira. Contra essas pessoas os Espíritos enganadores nada podem".

"Qual o motivo de semelhante parcialidade?"

"Não há parcialidade, há justiça. Os bons Espíritos se interessam pêlos que usam criteriosamente da faculdade de discernir e trabalham seriamente pôr melhorar-se. Dão a esses suas preferências e os secundam; pouco, porém, se incomodam com aqueles junto dos quais perdem o tempo em belas palavras". [14]

Que relações encontramos entre o dogma e a institucionalização?

O receio e a acomodação para enfrentar as exigências dos novos tempos, poderão manter por longos séculos o cultivo do institucionalismo, como fator de cerceamento à assimilação da mensagem moral de Jesus no coração do homem, mantendo-a como mero formalismo cultural nos limites do cérebro.

Ninguém, a pretexto de bondade e complacência, pode negar que as esferas do conhecimento, das práticas e da administração em nosso movimento doutrinário estão influenciadas pelo excesso institucional.

Seu efeito mais nocivo chama-se **dogmatização**, ou seja, a adoção de idéias, métodos, padrões e convenções considerados verdades concluídas, inquestionáveis e definitivas. O efeito do dogmatismo nesse sentido é conduzir a fé humana ao misticismo, idolatria, puritanismo, fanatismo sutil e submissão ao autoritarismo, distanciando o homem da aquisição da razão e do relacionamento humano autêntico e rico de afeto.

O conhecimento sem o institucionalismo permitirá que o promovamos à condição de saber espírita, construtor da paz e da libertação do homem em direção à fé racional com apoio na ciência.

As práticas sem dogmatização ensejarão métodos mais ajustados às necessidades do homem do século XXI, facultando a utilização da criatividade e a expansão da afetividade nas relações no trabalho espírita, conforme as mais modernas teorias sociais da educação e da pedagogia.

---

[14] O Livro dos Médiuns – item 268/19 e 20º

A redução do institucionalismo na administração, ensejará um espectro de pluralismo filosófico e doutrinário como reflexo imediato da contemplação da diversidade e da alteridade, que devem ser o espírito das organizações espiritistas.

Não analisamos semelhantes fatos como quem repreende a realidade construída pelo homem no movimento humano em torno do Espiritismo. No entanto, apelamos aos amigos na carne para as transformações urgentes que se fazem necessárias.

A riqueza e a excelência do Espiritismo convocam–nos à mais amplos vôos.

A cautela excessiva conduz à prudência desnecessária causando lentidão e medo. Medo de experimentar e lentidão para escolher e construir nossos caminhos.

A prudência está longe do perfeccionismo e da exatidão, é o maior bem que pudermos fazer, ainda que custe o preço de algumas decepções não intencionais, originadas da ousadia em realizar.

O estágio prolongado na postura de evitar o mal atende aos regimes de segurança de quem ainda não decidiu por se superar, entretanto, está postura tanto quanto a ousadia, tem seus riscos tais como a ortodoxia, o preconceito ou o medo de experimentar.

O dogmatismo só será vencido com inteligência apurada e afeto educado, e essas conquistas só existirão quando optarmos corajosamente por enfrentarmo–nos buscando a auto-conquista.

Em Mateus 24:2 assevera o Mestre: *"Não vedes tudo isto? Em verdade vos digo que não ficará aqui pedra sobre pedra que não seja derrubada."*

Todas as pedras que sejam óbices ao progresso serão removidas, quiçá derrubadas...

Como reeducar nossos ímpetos institucionais arquivados na bagagem mental?

Com a adoção de medidas que desenvolvam a abnegação no trabalho espírita.

Aprender a produzir em equipe, trabalhar por idéias renovadoras e estabelecer parcerias serão alguns dos caminhos na direção desse objetivo.

Com as equipes, dilataremos a motivação pela solidariedade e despretensão, laborando por idéias que promovam o crescimento humano não ficaremos apegados à obra que criamos.

E com as parcerias ampliaremos os benefícios da tarefa a um maior número de pessoas.

Ao longo dos séculos, os sistemas hierárquicos têm operado como ninhos acolhedores do personalismo no qual adormecem muitos líderes sob o doce encanto dos cargos, para despertarem somente depois da morte nos braços da revolta e da decepção. Não foi sem razão que o Espírito Verdade sugeriu a reforma das instituições como medida contra o egoísmo nas seguintes palavras:

"À medida que os homens se instruem acerca das coisas espirituais, menos valor dão às coisas materiais. Depois, necessário é que se reformem as instituições humanas que o entretêm e excitam. Isso depende da educação".[15]

6 – HOSPITAL ESPERANÇA

Como surgiu a idéia da construção do Hospital Esperança?*

Antes de nossa última existência carnal no ano de 1880, deixamos na erraticidade um instituto de educação inspirado em Pestallozzi, Allan Kardec e Jesus Cristo. Em 1918, depois de materializarmos um pálido reflexo desse Instituto no plano físico, na cidade de Sacramento, regressamos ao mundo espiritual para dar maior expansão ao labor.

As iniciativas que tivemos ensejo na curta reencarnação de trinta e oito anos, inspiraram alguns corações queridos que partilhavam conosco a responsabilidade de um largo programa espiritual. Entre eles, renasce a 16 de abril de 1889, Maria Modesto Cravo, na cidade de Uberaba, que se fez escolhida para plantar a semente do Hospital Esperança em plena Terra.

O projeto do Hospital já existia em nosso plano desde o findar do século XIX, quando as teorias psíquicas de recuperação e tratamento dos doentes mentais apenas despontavam de forma embrionária no plano físico.

---

[15] O Livro dos Espíritos – questão 914

A homeopatia, a essa época, tomou vulto e força nas terras brasileiras tornando-se "formulas de esperança" ao povo. As primeiras experimentações sobre a psicofarmacologia com testes acelerados na Suiça e outros países europeus, determinaram avanços significativos com o surgimento das medicações psiquiátricas de efeitos antes desconhecidos.

Ainda assim, era cruel o drama expiatório da loucura e da doença mental.

Foi por volta de 1930 que recebemos a autorização de Elevadas Esferas, com a permissão augusta de Jesus, para iniciarmos nosso abrigo de paz para as almas que conheceram o Evangelho, mas não conseguiram redimir-se perante suas consciências, chafurdando-se em fracassos lamentáveis nos quadros ainda inabordáveis da loucura espiritual.

A esse tempo, Dona Maria Modesto Cravo, já cultivava a semente que funcionaria como posto de alimentação e intercâmbio intermundos, no erguimento do que poderíamos nomear o motor energético do Hospital Esperança em pleno mundo físico. Ela funda, em 31 de dezembro de 1933, o Sanatório Espírita de Uberaba.

Enquanto isso, na erraticidade, com auxilio de extensa plêiade, arquitetávamos as enfermarias acolhedoras para quantos tombaram na frieza dos pântanos enregelados e fétidos da culpa e da angústia depois da morte.

As reuniões de desobsessão realizadas em Uberaba serviam de porta de entrada para os sofridos de toda espécie. Dona Modesta, como carinhosamente é chamada entre amigos, mantinha as rédeas vigilantes conduzindo nossas relações a estreitas e afinadas repercussões na direção dos objetivos almejados.

A 08 de agosto de 1964 essa mensageira do amor incondicional retorna ao mundo espiritual, e assume, imediatamente, a pedido de Bezerra de Menezes, o posto de amorável mãe e educadora dos espíritas junto ao Hospital.

Hoje, passadas quase sete décadas das primeiras movimentações do Hospital Esperança, atingimos a sua arquitetura final, uma homenagem à nossa via Láctea com seus cinco braços abertos para o Amor Universal. Cada braço é um pavilhão do bem e da recuperação com aproximadamente dois mil leitos e as mais variadas tarefas de saúde e paz, desde o recolhimento nos abismos até o novo reingresso carnal sob a tutela do Senhor da Vinha. Ao todo contamos hoje com mais de sessenta mil leitos indiretos em postos de socorro balizados junto a entidades do amor cristão na Terra, para onde são levados, em muitos casos, nos seus primeiros momentos de resgate, os sofredores e derrotados que recém chegaram ao porto da morte.

* **NOTA DO MÉDIUM:** no romance "Lírios de Esperança" da autora espiritual Ermance Dufaux, encontramos maiores detalhes sobre essa obra de amor erguida por Eurípedes Barsanulfo no mundo espiritual.

Por que os espíritas receberam uma cota de espaço em maior amplitude junto ao Hospital com dois pavilhões inteiros ocupados?

Depois do retorno de dona Modesta, Bezerra de Menezes, que orientava com seu amor os pavilhões onde recolhíamos os cristãos espíritas em dores lamentáveis, passa–lhe o laurel do labor em razão de outros compromissos mais graves, que o paladino da unificação assumiria junto ao Espírito Verdade.

Portanto, desde o ano bom de 1964, ela conduz com galhardia os roteiros de luz a ela entregues por merecimento.

Bezerra, como é próprio das almas nobres, é pura ternura, conquanto poucos companheiros na carne conheçam–lhe a tempera positiva e definida. Observou–se porém, que a rebeldia era um traço comum em boa parcela dos seguidores do Cristo que, ao alcançarem os portais do Hospital, queixavam-se e revoltavam–se com os resultados de seu estado espiritual e dos desagrados com a morte – algo que jamais esperavam passar por suporem–se redimidos e salvos. Fazia–se urgente a atuação de alguém de temperamento sincero e firme conduzindo a obra com maior rigor, sem perder a ternura do amor. Dona Maria Modesto reunia os predicados para o tentame. A seareira acostumou-se a lidar com os caprichos humanos, inclusive de companheiros de ideal.

As dores dos que conhecem a Jesus e o negam são indescritíveis. Os irmãos de ideal muito receberam e, se não honram suas concessões, amargam após a desilusão da morte uma profunda expiação em seu mundo íntimo. Verificando os quadros de horror e exploração hipnótica provocada na mente de muitos espiritistas desencarnados, priorizamos nossas operações aos depositários do tesouro dos talentos espirituais. É justo nas leis naturais que o tamanho do tropeço amplie a misericórdia, sem que isso signifique supressão total de dores e nem abono que evite novo recomeço nos braços da provação.

Aos espíritas-cristãos é destinado maior espaço no Hospital porque seus dramas são dignos de piedade e complexas operações de salvamento.

Os dois pavilhões estão aos cuidados de nossa irmã?

Somente um deles, o qual ela se devotou com mais intenso louvor pelos dramas inenarráveis a que se subjugam essas almas: o pavilhão dos dirigentes espíritas.

Nesse pavilhão encontramos alas inteiras destinadas à recuperação de condutores da unificação que elegeram para si o troféu da supremacia, presidentes de centros espíritas que se encantaram com seu cargo, dirigentes de intercâmbios mediúnicos conduzidos a interesses pessoais, médiuns angustiados pelo personalismo e inúmeras almas que tiveram a graça de determinar e escolher, mas que tombaram nas armadilhas cruéis do orgulho em franca descida para a inferioridade.

Qual o principal drama que acomete os dirigentes espíritas atendidos no Hospital Esperança?

Para aqueles que guardam um pouco mais de lucidez sobre suas necessidades, é o fato de não terem feito todo o bem que podiam, mas não quiseram fazer.

Para aqueles que, apesar das luzes do conhecimento, preferiram a noite das ilusões sobre si mesmo, é a terrível sensação de fracasso seguida da angústia decorrente da fuga do encontro consigo mesmo.

Para aqueles que desertaram e atolaram-se no desculpismo e no descuido com seus deveres à luz do Evangelho, é a dor do remorso desesperado nos pântanos do desequilíbrio íntimo, aos quais se vincularam sob rendição incondicional por não possuírem o mínimo de virtudes ante a imensidão dos recursos que receberam.

A condição das almas que conheceram o Espiritismo e

galgaram a responsabilidade de formadores de opinião, detendo influência e poder de decisão, inteligência e visão ampliada, é a daquele servo da parábola dos talentos que enterrou o tesouro generoso concedido pelo Senhor, com medo das lutas que enfretaria na ingente batalha consigo próprio.

Por isso, aqueles que guardam responsabilidades coletivas junto à comunidade doutrinária, são almas inseridas no que chamaremos de *sublime expiação*, ou seja, a condição irreversível de doarem-se ao bem alheio acima mesmo de seus interesses pessoais, tarefa essa que pleiteia acendrada renúncia e louvável sacrifício, para alcançar o patamar de fidelidade e grandeza esperadas no seu labor comunitário.

Sem dúvida, os dirigentes de quaisquer atividades à luz do evangelho são "sal da Terra e a Luz do mundo"[16], mencionados pelo Cristo de Deus em sua mensagem consoladora. Sendo convocados, por essa razão, a prestarem contas incalculáveis com a misericórdia divina que jamais lhes abandona sem os precisos talentos para a caminhada.

Qual tem sido o estado espiritual dos dirigentes de unificação junto ao Hospital?

Passam pelos mesmos dramas comuns a qualquer ser humano. Estão submetidos às mesmas leis inderrogáveis criadas pelo Pai.

Não são almas especiais. Embora detentoras de gravíssimas responsabilidades e compromissos.

Muitos deles já reencarnaram com severos débitos junto à coletividade, adquiridos em deslizes nas vidas sucessivas, junto aos campos do religiosismo e do poder.

Temos recebido alguns deles, como portadores de relativa tranqüilidade pelas realizações a que se entregaram com boa vontade e desejo de ser útil.

A maioria no entanto, apesar das alegrias amealhadas pelo bem que fizeram ao Espiritismo, carregam um doloroso vazio no coração, por não terem se aproximado tanto quanto podiam das

[16]Mateus, 5: 13 e 14

necessidades humanas ao longo da jornada. Quando transpõem os muros da morte se dão conta de que passaram de modo retilíneo nas sendas da devoção institucional, quando muitas vezes lhes era suplicado contornar por atalhos desafiantes, a fim de socorrerem a sofreguidão de quantos lhes esposaram a mesma trilha, e ficaram estacionados perante os tropeços da viagem. Outras vezes, por guardarem demasiado interesse com pactos e tradições, adotaram posturas intransigentes vindo a ferir e desanimar corações sensíveis e portadores de nobre idealismo. Ainda encontramos outros que amargam terrível frustração por não terem rompido com convenções, e estendido a mão e a palavra aos que lhes apresentavam modo diverso no entendimento. Temos também aqueles que carregam sofrido arrependimento por se encantarem demasiadamente com a tarefa, julgando-se missionários de largo porte, deixando a família consangüínea a mingua de afeto, abandonando deveres comezinhos no lar. Outros tantos se enfronharam por atitudes de rigorosa vigília sobre a ação do movimento espírita, caindo na velha cilada da hegemonia e do policiamento ideológico, experimentando o sentimento de vergonha ao terem que se deparar, aqui mesmo no Hospital, com muitos daqueles que lhes sofreram os golpes e que se encontram em harmonia com a consciência divina. Ainda existem casos mais dolorosos nos quais, depois de muita perturbação e maledicência, alguns corações distraídos caem nas garras de adversários ferrenhos do Espiritismo, passando expiações em regiões inferiores na erraticidade sob hipnose e exploração obsessiva.

Todos esses corações, sinceros, mas infantis, peregrinaram mais uma vez pelas velhas ilusões do serviço exterior em nome da redenção espiritual. Conquanto seja de muito valor tudo que fizeram em nome do Espiritismo, infelizmente é preciso constatar que muitos deles em verdade, serviram a si próprios e não à causa. Adornaram com títulos e cargos, cerimônias e pequenos sacrifícios que lhes asseguravam nítida sensação de dever cumprido. Entretanto, esse tem sido o grande equivoco dos servidores cristãos de todos os tempos. Com Jesus e Sua mensagem, o dever é a obrigação que insere a consciência nos arcanos da justiça e se o discípulo sincero deseja ombrear nos passos do amor, jamais poderá descuidar de conviver e servir a seu próximo sem esperar nada em troca.

O foco da unificação à luz do Evangelho é o ser humano, o homem. Muitos dirigentes que se aportam no Hospital, em desfavor de si mesmos, focaram a unificação em valores utilitaristas e temporais.

Poucos são aqueles que cumpriram suas responsabilidades ajustadas à proposta de Jesus ao estabelecer que *o maior no reino dos céus é aquele que se faz servo de todos*.[17] Para esses, a unificação foi uma estrada de ascese e libertação porque acima de convenções de defesa do Espiritismo eles colocaram os valores do Evangelho nas relações que construíram, e nunca se afastaram dos labores de amor ao próximo nos quais viveram a alma da unificação, a valorização humana. Fazendo assim cuidaram não só do Espiritismo, mas, sobretudo, de si mesmos, adotando a proposta educativa do Cristo de amar ao próximo e, igualmente, a si.

Qual o perfil espiritual dos dirigentes de unificação?

Quase todos foram expressivos líderes junto ao tronco judaico–cristão em sucessivas reencarnações no religiosismo sem amor. Essa condição lhes rendeu lamentáveis quadros expiatórios na erraticidade.

Com o surgimento das reuniões socorristas no movimento espírita brasileiro no findar do século XIX, muitas dessas almas foram carinhosamente doutrinadas depois de retiradas dos charcos do remorso em zonas purgatoriais, e aceitaram novas responsabilidades junto aos esforços de fé coletiva que começavam a se esboçar nos primórdios da organização da Doutrina Espírita no Brasil.

Trata–se de uma geração de espíritos muito aferrados ainda às necessidades institucionais das quais vão, paulatinamente, desvencilhando-se.

Necessário estudar com minúcias a história espiritual da transposição da árvore do Evangelho para o Brasil, a fim de entender-lhes os dramas milenares.

Que diretrizes práticas poderíamos adotar para a aquisição da condição de bons dirigentes à luz do Evangelho?

A condição de homens que queiram aprender a dialogar, que saibam pedir perdão e assumam definitivamente o próximo como sendo mais importante que a instituição.

Homens que tenham coragem para assumir os riscos de dirigir com o coração, amando incondicionalmente e abdicando de formalidades

---

[17] Mateus, 20:26

que muitas vezes causam a sensação de segurança e grandeza.

As diretrizes para uma liderança com amor estão resumidas na incomparável assertiva do Mestre Nazareno quando afirmou: *sereis conhecidos como meus discípulos por muito se amarem.*[18]

Por que os espíritas enfrentam tantos problemas com a morte, quando seria de esperar melhores colheitas no processo da libertação?

Porque não souberam viver bem, assim como expressiva maioria das criaturas que recebem a benção da reencarnação.

A morte nada mais é que um "passaporte" para transferência de planos de vida. Sendo assim só existem trâmites dolorosos nesse processo, porque o espírito leva consigo a bagagem de suas conquistas e fracassos.

Especialmente, os devotados irmãos do espiritismo cristão, têm encontrado muitas lutas perante a desencarnação em função das ilusões das quais deveriam se despir, enquanto na carne, mas que inadvertidamente, teimam em cultivar. Entre elas, a que mais amargura tem causado, é a da superioridade que julgam possuir em razão do conhecimento e das práticas que realizam.

Por aqui, temos recebido médiuns equivocados que se supuseram grandiosos, tão somente em razão das boas companhias espirituais que lhes assistiam; oradores que cultivaram uma imagem de enaltecimento de si próprio, quando apenas conseguiram iluminar a sua boca, esquecendo de honrar com a conduta reta o patrimônio sagrado do corpo; dirigentes que se encantaram com a suposta condição de missionários devido a respeitabilidade doutrinária auferida, que, no entanto, eram expoentes da indiferença junto a seus filhos; devotados tarefeiros assistenciais que acreditaram sobremaneira que o amor dispensado ao outro era sinônimo de alforria espiritual, todavia incapazes de cumprimentar com alegria seus próprios vizinhos. Todos eles desaperceberam-se que, mais significativo que serem espíritas conforme as convenções humanas, a prioridade e meta de todos nós deve ser a formação do **homem de bem**.

Sem o "carimbo" da paz interior em seus passaportes, a transferência para o mundo da Verdade, junto aos portais da

---

[18] João, 13:35

erraticidade, se faz tumultuada e sofrida em razão dos dramas consciênciais do arrependimento tardio.

Seria justo considerarmos, nesse caso, que o bem semeado pelos nossos companheiros junto à lide espírita não determina credibilidade espiritual?

Seria incoerência negar o valor das sementes do bem que plantaram. O que se torna imprescindível rever é a adesão mecânica, nas quais muitos corações estagiam prolongadamente, sem aperceberem-se do bem que aquela semeadura traz para si mesmo.

O labor doutrinário de amor ao próximo é fonte de equilíbrio, recurso defensivo contra as investidas do mal e estímulo para progredirmos ao encontro da conquista de estados interiores nobres, que brotam espontaneamente nas realizações educativas da caridade. Resta agora auxiliar ao homem que bondosamente tem se tornado um dispensador de bênçãos para o próximo, aprender como amar a si mesmo em favor de sua melhoria individual.

Esses caminhos de aprimoramento, só poderão ser ministrados por aqueles que a ele se aplicarem para sinalizarem aos amigos menos experientes sobre os rumos a seguir. Isso leva-nos a concluir que a responsabilidade dos dirigentes espíritas centuplica a partir dessa perspectiva, porque assenta sobre eles essa esperança dos céus: que se tornem os referenciais de auto-amor e mensageiros da alegria cristã em si próprios.

Quem se ama sabe consolar e incentivar; atrai naturalmente os aflitos e sofridos do caminho que mendigam paz e esperança; irradia espiritualidade e ilumina por onde passa.

Dessa forma, a caridade deixa de ser o treino de afeto nos momentos da assistência formalizada e promove-se à condição de força espontânea que brota da criatura feliz consigo mesma, consciente de que a manutenção de sua felicidade tem o preço do bem e da felicidade alheia, não podendo reduzir-se a fugazes instantes de doação com hora marcada e nem lugar determinado.

Credibilidade espiritual é sinônimo de coração ajustado aos ditames da consciência, condição essa somente possível através de muito trabalho e cooperação na Obra Divina, ensejando o resgate dos vínculos com as leis naturais estatuídas para a paz e o progresso em plena identidade com a harmonia universal.

8 – MENSAGEM FINAL

Qual mensagem deixaria aos nossos irmãos espíritas na vida corporal?

Gostaríamos de relembrar o excelente programa de unificação traçado pelo Espírito Verdade aos homens, quando disse no Evangelho Segundo Espiritismo, capitulo VI, item 5: *"Espíritas! amai–vos, este o primeiro ensinamento; instruí–vos, este o segundo"*.

O Amor do Espírito Verdade tem sido o sustento da obra de educação espiritual da humanidade, expressando tolerância incondicional, porém ativa e operosa.

O Amor dos altiplanos da vida é trabalho incansável e fértil nas leiras de espiritualização. Um constante movimento libertador conduzido com ação e planejamento. É assim que a solidariedade se cumpre pelas vias sagradas do trabalho.

O que vos possa parecer uma série de insucessos na história do movimento espírita, nada mais é que o reflexo inevitável de um canteiro de esforços contínuos, cujos operários são homens comuns aspirando por sua melhora sob o calor causticante da transformação interior.

O progresso, a despeito das lutas, é evidente fonte de esperança para o futuro. Os percalços de fora serão vencidos a tempo, pois estão sob vigília atenta da Falange Verdade a quem, de fato, a obra pertence e pela qual é dirigida.

Lamentável, todavia, são os cadinhos de remorso que muitos lidadores bafejados com a luz do Consolador, têm carreado a si mesmos para depois da morte.

Compete-nos o dever de recomendar aos irmãos de ideal que terão acesso às informações dessa entrevista, que saibam utilizar o bom senso e o equilíbrio para não tombarem na infantilidade da precipitação ou do descaso.

Nosso objetivo é exclusivamente o de agir em nome do bem, buscando aclarar alguns equívocos que devotados semeadores transportam na sua bagagem de vivências espirituais. Superando ilusões, os discípulos sinceros terão tempo suficiente para renovarem suas atitudes e adotarem, corajosamente, o desafio de fazer todo o bem possível em favor da lavoura que vem sofrendo tantos ataques, provocando instabilidade e desistência.

Entramos em nova etapa nos destinos da causa. As certezas dogmáticas que estabeleceram padrões de segurança durante décadas na seara, serão abaladas com rigor pela força natural dos acontecimentos.

Temos pela frente uma crise de identidade que levará, os corações habituados ao religiosismo, a profundos desafios renovadores da inteligência e das concepções. Uma crise de referências doutrinárias que levará companheiros queridos da faina espiritual a revisão de seus métodos e práticas, na aquisição de melhores resultados nos labores espíritas. Avizinha-se um tempo que conclamará todos os seareiros à vivência autêntica do Espiritismo por dentro, o evangelho no coração. Sem os aparatos do superficialismo moral.

Nessa nova ordem de idéias, somos os primeiros a vos conclamar uma visão dos Benfeitores Espirituais distante da santificação e da angelitude. Nessa nova ordem de paradigmas, somos os primeiros a recomendar seriedade no debate e pesquisa às abordagens dessa entrevista, para que nossas palavras não constituam nova fieira de dogmatismo improdutivo. O que for bom ao bom senso humano que seja aproveitado. O que não for, abandonem.

Trabalhemos juntos com afinco pela extirpação da praga do dogmatismo febril e ostensivo em nossa coletividade, através do rompimento com padrões frágeis que não representam a excelência dos postulados consistentes da Doutrina Espírita. O dogmatismo é a crença das multidões, é aquilo que preferimos aceitar porque a maioria aceitou; dogmatismo é o aval de suposta segurança que muitas almas aderem para não terem que enfrentar a Verdade sobre si mesmo. Dogmatismo são as idéias sem fundamento à luz meridiana da lógica espírita. Dogmatizar é adotar "cânones" que são idéias prontas e definitivas sobre alguém ou alguma prática. O homem espírita encontra, quase sempre, na Revelação Espírita, o seu conceito pessoal de perfeição e eternidade, vangloriando-se com o saber sob hipnose da soberba, supondo-se com respostas para tudo. Desiludamo-nos amigos de caminhada!

A surpresa que carcome grande parcela dos espíritas no mundo dos espíritos é um atestado de penúria e inconsistência do quanto acham que sabem. Todas as letras enviadas do Céu para a Terra pelos portais sagrados da mediunidade, apenas representam, mesmo com toda sua riqueza, um pequenino grão de areia ante o mar da imortalidade. Então por que a soberba, a altivez e a conduta de missionários vitoriosos?

Precisamos de ousadia para incrementar os desafios práticos e íntimos que nos aguardam. Essa ousadia, no entanto, só nascerá nas almas que estejam conseguindo corresponder ao mínimo dos apelos para a transformação interior. Sem isso, os incômodos conscienciais serão fatores de cerceamento e dúvida, impedindo essa caminhada bandeirante aos dias novos que requisitarão muita tranqüilidade íntima para as mudanças necessárias.

Qual dos irmãos na carne já pensou em sua morte? Quem já projetou seu futuro espiritual?

Evitar o mal não basta. Muitos evitam, mas o desejam. O projeto de vida dos novos cristãos espíritas deve ser fazer todo o bem possível. O alerta claro do Cristo ecoa em nossas almas: *se a vossa justiça não exceder a dos escribas e fariseus, de forma alguma entrareis no reino dos céus.*[19] Pouco acrescerá aos êxitos espirituais a adoção de condutas puritanas e hábitos de santidade, se não houver a renovação efetiva do modo de sentir a vida, o próximo e os fatos.

Ao tratarmo-nos como irmãos, perguntemos se realmente sentimos o outro como nosso irmão, porque a caridade é alma da unificação e se não houver interesse efetivo nas fibras do coração para com todos indistintamente, em suas diversidades, devemos nos perguntar se estamos mesmo no "espírito do Espiritismo".

Amor e instrução recomendam a Sábia Equipe do Espírito Verdade. Que esse seja o roteiro inspirador dos ofícios unificadores.

Entretanto, conscientes que estamos das raízes de muitos males que se alastraram pela seara, deixamos aos valorosos companheiros de jornada, especialmente aos dirigentes de unificação, nossa recomendação citada anteriormente: *"Necessário que eu diminua e o Cristo cresça"*[20] para que seja essa a atitude ideal a todas as organizações e servidores nas fileiras da união e da harmonia.

Por mais valoroso, ofereçam o tributo do trabalho como forma de agradecer ao Senhor da Vinha, pela infinita complacência que Ele tem em nos aceitar, tão deficientes, em Sua Obra de Amor.

[19] Mateus, 5:20
[20] João Batista – João 3:30

3ª PARTE

Movimento Atitude de Amor
A Era da Maioridade do
Pensamento Espírita.

OS TEMPOS SÃO CHEGADOS

Carlos Pereira*

O processo de espiritualização do planeta segue seu curso sem parar. De todos os lados "soam as trombetas" da nova era. Tal processo está ancorado na proposta de implantação do amor na Terra e haverá de abranger a todos aqueles que já a sintonizam ou que haverão de sintonizá-la. Movimentos religiosos e filosóficos instituídos, entidades beneméritas do bem, organizações não-governamentais, de uma forma ou de outra, começam a convergir iniciativas, cada vez mais intensamente, no sentido da transformação moral do planeta. É exatamente neste bojo que se insere o Movimento Atitude de Amor, não como uma proposta exclusiva para os espíritas, mas como uma ação conjunta de vontades, onde ao Espiritismo, ciente antecipadamente do que virá a acontecer, cabe um papel relevante: o de colocar internamente em prática os seus preceitos e indo ao encontro de todos aqueles que trabalham pela ascensão moral do ser humano.

Nada do que está sendo anunciado nestes novos tempos por uma diversidade de espíritos, e tendo como porta-voz Bezerra de Menezes falando em nome do Espírito Verdade, já não houvera sido dito outrora. Um libelo desta nova era foi devidamente compilado por Allan Kardec em "A Gênese", há 137 anos, especificamente no último capítulo da obra: "Os Tempos são Chegados". O tempo novo surge porque a humanidade já se encontra amadurecida para vivenciá-la e segue a um rigoroso planejamento divino:

> O progresso da Humanidade se cumpre, pois, em virtude de uma lei. Ora, como todas as leis da Natureza são obra eterna da sabedoria e da presciência divinas, tudo o que é efeito dessas leis resulta da vontade de Deus, não de uma vontade acidental e caprichosa, mas de uma vontade imutável. Quando, por conseguinte, a Humanidade está madura para subir um degrau, pode dizer-se que são chegados os tempos marcados por Deus, como se pode dizer também que, em tal estação, eles chegam para a maturação dos frutos e sua colheita.[1]

Os tempos que são chegados nós espíritas denominamos, há muito, de fase da regeneração. A época de expiação e provas entra em declínio e numa curva ascendente uma nova mentalidade e uma nova práxis se estabelecem. O que apropriadamente está sendo configurado como a Era da Maioridade das Idéias Espíritas.

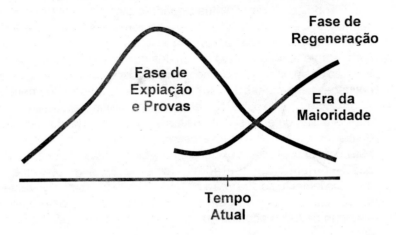

O nível de avanço intelectual que já atingiu a humanidade é incontestável e com perspectivas cada vez mais crescentes, no entanto, não se pode fazer a mesma afirmativa no campo moral, apesar das inúmeras conquistas humanas e sociais obtidas se tomarmos como referência os últimos dois mil anos. Por essa razão, a Era da Maioridade terá um foco:

> *Resta-lhes ainda um imenso progresso a realizar: o de fazerem que entre si reinem a caridade, a fraternidade, a solidariedade, que lhes assegurem o bem-estar moral. (...). Já não é somente de desenvolver a inteligência o de que os homens necessitam, mas de elevar o sentimento e, para isso, faz-se preciso destruir tudo o que superexcite neles o egoísmo e o orgulho.* [2]

Na mensagem Atitude de Amor, Bezerra de Menezes é enfático em identificar o orgulho como o principal inimigo a ser combatido nas hostes espíritas como condição básica para a criação de um solo fértil para o crescimento de relações amorosas. Nossos vícios atávicos, lembra bem o médico dos pobres, fez-se presente entre nós através da arrogância, da inflexibilidade, do perfeccionismo, do autoritarismo, da intolerância, do preconceito e da vaidade, fomentando o dogmatismo e a fé cega, ao mesmo tempo em que semeava a hierarquização e o sectarismo. Sem necessitar procurar culpados, mas auto-enxergando-se como o primeiro a trabalhar novos sentimentos, a Era da Maioridade também se pode denominar como a Era da Fraternidade:

> *A fraternidade será a pedra angular da nova ordem social. (...). Somente o progresso moral pode assegurar aos homens a felicidade na Terra, refreando as paixões más; somente esse progresso pode fazer que entre os homens reinem a concórdia, a paz, a fraternidade.* [3]

O Movimento Atitude de Amor é planetário. Chega num momento de profundas mudanças. Num momento em que ocorre um repensar generalizado nas bases atuais da Ciência, nos seus diversos saberes, caminhando para fundamentos mais holísticos, integrativos, interdependentes e conectivos. Num momento em que já existe um certo clamor coletivo por outros ares, mais sintonizado com as questões voltadas para a espiritualidade e a promoção da paz. Tudo isto é natural num fim de um ciclo e no recomeçar de outro. Choque de idéias. Choque de paradigmas. O pensamento espírita, como princípios da ordem natural que terão acesso generalizado pelas gentes e não como doutrina sistematizada, alcançará seu período de maioridade possibilitando o iniciar da renovação social tão desejada onde deverão prevalecer, entre outros, valores humanos como o amor, a não-violência, a liberdade, a caridade, a solidariedade e a justiça.

> *O Espiritismo não cria a renovação social; a madureza da Humanidade é que fará dessa renovação uma necessidade. Pelo seu poder moralizador, por suas tendências progressistas, pela amplitude de suas vistas, pela generalidade das questões que abrange, o Espiritismo é mais apto, do que qualquer outra doutrina, a secundar o movimento de regeneração; por isso, é ele contemporâneo desse movimento.* [4]

Todos são convidados a participar deste novo tempo semelhantemente ao festim de bodas, na lembrança oportuna do ensino evangélico. A senha de entrada é o esforço sincero da mudança interior, da renovação das atitudes, do auto-enfrentamento das suas mazelas morais. Não se deseja, portanto, a angelitude instantânea, mas um reconstruir-se permanente na direção do bem.

A regeneração da Humanidade, portanto, não exige absolutamente a renovação integral dos Espíritos: basta uma modificação em suas disposições morais. Essa modificação se opera em todos quantos lhe estão predispostos, desde que sejam subtraídos à influência perniciosa do mundo. Assim, nem sempre os que voltam são outros Espíritos; são com freqüência os mesmos Espíritos, mas pensando e sentindo de outra maneira. [5]

A Agenda 21 Espírita

Como proceder para se inserir no tempo da maioridade? Exatamente nesta direção é que a mensagem Atitude de Amor, apresentada neste opúsculo, extraída do livro Seara Bendita, psicografada por Wanderley Soares de Oliveira e Maria José de Oliveira, vem responder a este anseio. A leitura, reflexão e estudo pormenorizado de seu conteúdo é dever de todo espírita – e, sobretudo, dos dirigentes espíritas – para estar antenado às mudanças em curso. Depois da Era da Legitimidade (1860-1930), período consagrado para estabelecimento das bases doutrinárias; e da Era da Difusão (1930-2000), período de propagação dos conhecimentos; o novo ciclo de setenta anos se caracterizará pela interiorização e vivência dos conteúdos doutrinários.

O Espírito Verdade, na fala de Bezerra de Menezes, apresenta, na mensagem Atitude de Amor, aquilo que ouso denominar de Agenda 21 Espírita, pois sintetiza em dez pontos uma pauta de compromissos a serem trabalhados pelo movimento espírita e pelos espíritas durante o transcorrer do século atual. Esta terminologia é tomada por empréstimo do penúltimo encontro mundial organizado pela Organização das Nações Unidas – ONU, em 1992, no Rio de Janeiro, para debater e deliberar ações de equilíbrio ambiental em nível planetário. A Conferência ECO 92 teve como principal resultado o estabelecimento de objetivos para a promoção do desenvolvimento sustentável da Terra, cujo documento ficou conhecido como Agenda 21. Guardando as devidas proporções, a conferência proferida por

Bezerra de Menezes para cinco mil espíritos, entre espíritas e não espíritas, em Goiânia, em 1999, representa um manifesto do desenvolvimento sustentável do Espiritismo neste novo período.

Embora Antônio Wantuil de Freitas, ex-presidente da Federação Espírita Brasileira, tenha antecipado no livro Seara Bendita que não seria tarefa dos espíritos sugerir programas, planos ou mesmo traçar rumos, pois não se poderia subtrair aos companheiros espíritas os méritos da aquisição pelo aprendizado, Ermance Dufaux, Cícero Pereira, o próprio Bezerra de Menezes, e outros protagonistas deste movimento, nas diversas obras que desdobram a mensagem Atitude de Amor, têm apresentado sugestões de como operacionalizar estas metas.

Vejamos o que se constitui cada um destes objetivos da Agenda 21 Espírita e algumas das sugestões de metas para sua operacionalização:

1. Vivência do Amor

Sendo o Espiritismo o resgate da proposta original do Cristo, que ele mesmo resumiu na vivência da lei do amor, cabe ao Espiritismo, para atender ao seu propósito, centrar seu foco no ensino do amor a Deus, ao próximo e a si mesmo. Não apenas no discurso, mas, sobretudo, por intermédio de atitudes de amor. *"A meta primordial é aprendermos a amarmo-nos uns aos outros."*

- Desenvolver projeto "Como aprender a amar?".

2. Renovação das Atitudes

É a prática do "Espiritismo por Dentro", a interiorização de conteúdos para a moralização do ser humano, em contraponto ao "Espiritismo das Aparências". Representa o processo de reforma íntima, de autotransformação, no caminho da evolução espiritual.

- Desenvolver projeto "Construindo a reforma íntima"

3. Combate ao Orgulho

Simbolizando o conjunto de numerosas mazelas morais, o orgulho deverá ser identificado e trabalhado por cada espírita, focando a causa e não a casa, numa *"luta íntima e não exterior, não contra organizações, mas contra nós mesmos"*, na busca do desenvolvimento da humildade.

- Desenvolver projeto "Superando as ilusões do orgulho"

4. Promoção das Casas Espíritas em Escolas do Espírito e de Amor

A finalidade primeira da Casa Espírita é a educação integral do ser, contribuindo para seu autodescobrimento, auto-encontro e autotransformação. Para isso, é necessário "*promover as Casas, de posto de socorro e alívio, a núcleo de renovação social e humana, através do incentivo ao desenvolvimento de valores éticos e nobres capazes de gerar transformação*". Elaborar um programa educacional centrado em valores humanos para desenvolver homens de bem, com ênfase no Evangelho de Jesus, inserindo a pedagogia do afeto como instrumento para reeducação dos sentimentos e fermento para a plenitude das convivências.

- Estudar o evangelho em pequenos grupos (Evangelhoterapia);

- Elaborar um Programa de Educação em Valores Humanos;

- Conceber novo modelo pedagógico que proporcione uma relação dialogal, sinérgica e parceira;

- Criar Grupos de Construtivismo Moral;

- Utilizar a pedagogia da contextualização.

5. Disseminação da Cultura da Alteridade

Promover o respeito à diversidade, a opinião do outro, aprendendo a conviver harmoniosamente com o diferente em todas as oportunidades de relacionamento humano e, em especial, no meio espírita e fora dos ambientes doutrinários. "*A atitude de alteridade será o termômetro do progresso das idéias espíritas no movimento*".

- Desenvolver projeto "Aprendendo a Ética da Alteridade";

- Fomentar a realização de Fóruns de Debate;

- Participar efetivamente da mídia.

6. Formação de Rede de Intercâmbios

Incrementar o debate, a interação e a parceria internamente e com outros segmentos do saber e de atuação, que proclamem objetivos semelhantes aos do Espiritismo, através da criação de um relacionamento de trocas permanentes e construtivas, num regime de transdisciplinaridade, mediante a "*abertura de canais interinstitucionais*".

- Criar as Cooperativas de Afeto e União Cristã para fortalecimentos dos elos interinstitucionais;

- Criar pontes de relacionamento com outros movimentos de promoção humana.

7. Estruturação de Entidades Específicas

A partir de especialização de atividades internas e de intercâmbios intersetoriais, criar espaços de trabalho específicos para atender a enormidade de demandas que chegam a Casa Espírita. Serão oficinas de idéias e diálogo que fomentarão as cooperativas de afeto cristão.

- Criar entidades com atuação especializada obedecendo às vocações grupais e as demandas individuais e da sociedade;

- Formar estruturas apropriadas à pesquisa e integração entre os princípios espíritas e os múltiplos segmentos específicos da sociedade.

8. Reciclagem de Métodos

Para fazer frente às novas demandas do mundo atual torna-se imprescindível a reciclagem dos métodos nas diversas áreas de atuação espírita (práticas mediúnicas, promoção social, comunicação pública etc.), na direção da contextualização do conteúdo espírita.

- Criar grupos mediúnicos (e não reuniões) sustentados no crescimento do relacionamento afetivo e na capacitação para a autolibertação;

- Promover a mediunidade de parceria (Espiritismo com os Espíritos);

- Reorientar as ações de assistência social para práticas socio-educativas de libertação do ser, na perspectiva da responsabilidade social;

- Criar projetos cidadãos para desenvolvimento de valores e competências do Homem de Bem.

9. Mudança da Mentalidade Organizacional

Criação de um clima organizacional nas Casas Espíritas que estimule a participação autêntica do trabalhador espírita, por intermédio de mecanismos de delegação e de debate das decisões, e o desenvolvimento de lideranças que promovam relacionamentos de integração e de parceria, na busca da união grupal.

- Formar líderes sintonizados com a ética do amor capazes de agregar, delegar e promover trabalhadores;

- Desenvolver modelos organizacionais de Casa Espírita que possibilitem promover a participação consciente e o comprometimento dos trabalhadores;

- Aplicar pesquisa de clima organizacional para aferir e o grau de satisfação e comprometimento dos trabalhadores;

- Promover uma Campanha pela Cidadania Espírita;

- Projetar grupos de trabalhos em detrimento das expressões de individualismos;

- Implantar a pedagogia de projetos.

10. Unificação Ética

União dos espíritas pela vivência dos valores instituídos no Evangelho de Jesus, formando-se pólos de congraçamento ecumênico. A ética do amor e o comportamento fraterno devem prevalecer quando não forem possíveis, por respeito ao pluralismo das idéias, a unidade institucional.

- Unir esforços de promoção doutrinária onde houver convergência de pontos de vista

O Movimento Atitude de Amor já está em curso. Consciente ou não da sua existência a agenda será cumprida e a inserção do povo espírita ocorrerá de maneira gradativa e obedecerá naturalmente aos "times" individuais de despertamento. As mudanças serão promovidas mediante o aprendizado contínuo e o mecanismo de trocas, pois não existem fórmulas ou métodos prontos. Como preconizado em "A Gênese", uma geração nova estará chegando para colocá-la na pauta do dia das células espíritas, afinal, a agenda está prevista para setenta anos e estamos apenas no seu raiar.

Por enquanto, é hora de semear. Uns escutarão a proposta e não lhe darão atenção. Outros a receberão com alegria no primeiro momento, mas durarão apenas algum tempo. Alguns a tornarão infrutífera. Terão aqueles, porém, que a receberão em boa terra, prestarão atenção e começarão a produzir imediatamente os frutos desta nova era. Era da Maioridade. Era da Fraternidade. Era da Interiorização. Era da Emancipação do Amor.

Eis os novos tempos que são chegados.

Referências Bibliográficas

[1] A Gênese, Allan Kardec, Feb, 37ª edição, Capítulo 18, página 402.
[2] A Gênese, Allan Kardec, Feb, 37ª edição, Capítulo 18, página 403 e 404.
[3] A Gênese, Allan Kardec, Feb, 37ª edição, Capítulo 18, página 413 e 414.
[4] A Gênese, Allan Kardec, Feb, 37ª edição, Capítulo 18, página 417.
[5] A Gênese, Allan Kardec, Feb, 37ª edição, Capítulo 18, página 421.

---

*Carlos Pereira é Presidente da Associação de Divulgadores do Espiritismo do estado de Pernambuco
E-mail: carlosjfp@ibest.com.br

Ficha Técnica

Título
Atitude de Amor

Autoria
Espíritos de Cicero Pereira e Ermance Dufaux
Psicografado por Wanderley Soares de Oliveira

Edição
2ª

Editora
Dufaux (Belo Horizonte MG)

ISBN
978-85-63365-02-6

Capa
Wanderley Soares de Oliveira

Revisão
Mary Ferrarini - ReviNews Apoio Editorial Ltda.

Projeto gráfico
Wanderley Soares de Oliveira

Diagramação
Wanderley Oliveira

Composição
Adobe Acrobat Pro DC em plataforma Microsoft Windows

Páginas
101

Tamanho do miolo
Miolo 14 cm x 21 cm
Capa 14 x 21 cm

Tipografia
Texto principal: Arial
10/15pt
Título: Hobo std 20

Margens
22 mm: 25 mm: 25 mm: 22 mm
(superior:inferior:interna;externa)

Papel
Miolo Polen Soft 80g/m2
Capa papel Duo Design 250g/m2

Cores
Miolo em 1 x 1 cor preto escala
Capa em 4 x 0 cores CMYK

Impressão
AtualDV

Acabamento
Brochura cadernos colados Capa com orelhas, laminação fosca

Tiragem
Sob demanda

Produção
Dezembro / 2021

NOSSAS PUBLICAÇÕES

www.editoradufaux.com.br

SÉRIE REFLEXÕES DIÁRIAS

PARA SENTIR DEUS

Nos momentos atuais da humanidade sentimos extrema necessidade da presença de Deus. Ermance Dufaux resgata, para cada um, múltiplas formas de contato com Ele, de como senti-Lo em nossas vidas, nas circunstâncias que nos cercam e nos semelhantes que dividem conosco a jornada reencarnatória. Ver, ouvir e sentir Deus em tudo e em todos.

Wanderley Oliveira | Ermance Dufaux
11 x 15,5 cm
133 páginas

LIÇÕES PARA O AUTOAMOR

Mensagens de estímulo na conquista do perdão, da aceitação e do amor a si mesmo. Um convite à maravilhosa jornada do autoconhecimento que nos conduzirá a tomar posse de nossa herança divina.

Wanderley Oliveira | Ermance Dufaux
11 x 15,5 cm
128 páginas

RECEITAS PARA A ALMA

Mensagens de conforto e esperança, com pequenos lembretes sobre a aplicação do Evangelho para o dia a dia. Um conjunto de propostas que se constituem em verdadeiros remédios para nossas almas.

Wanderley Oliveira | Ermance Dufaux
11 x 15,5 cm
146 páginas

SÉRIE CULTO NO LAR

VIBRAÇÕES DE PAZ EM FAMÍLIA

Quando a família se reune para orar, ou mesmo um de seus componentes, o ambiente do lar melhora muito. As preces são emissões poderosas de energia que promovem a iluminação interior. A oração em família traz paz e fortalece, protege e ampara a cada um que se prepara para a jornada terrena rumo à superação de todos os desafios.

Wanderley Oliveira | Ermance Dufaux
16 x 23 cm
212 páginas

JESUS - A INSPIRAÇÃO DAS RELAÇÕES LUMINOSAS

Após o sucesso de "Emoções que curam", o espírito Ermance Dufaux retorna com um novo livro baseado nos ensinamentos do Cristo, destacando que o autoamor é a garantia mais sólida para a construção de relacionamentos luminosos.

Wanderley Oliveira | Ermance Dufaux
16 x 23 cm
304 páginas

REGENERAÇÃO - EM HARMONIA COM O PAI

Nos dias em que a Terra passa por transformações fundamentais, ampliando suas condições na direção de se tornar um mundo regenerado, é necessário desenvolvermos uma harmonia inabalável para aproveitar as lições que esses dias nos proporcionam por meio das nossas decisões e das nossas escolhas, [...].

Samuel Gomes | Diversos Espíritos
14 x 21 cm
223 páginas

AMOROSIDADE - A CURA DA FERIDA DO ABANDONO

Uma das mais conhecidas prisões emocionais na atualidade é a dor do abandono, a sensação de desamparo. Essa lesão na alma responde por larga soma de aflições em todos os continentes do mundo. Não há quem não esteja carente de ser protegido e acolhido, amado e incentivado nas lutas de cada dia.

Wanderley Oliveira | Ermance Dufaux
16 x 23 cm
336 páginas

TRILOGIA DESAFIOS DA CONVIVÊNCIA

QUEM SABE PODE MUITO. QUEM AMA PODE MAIS

A lição central desta obra é mostrar que o conhecimento nem sempre é suficiente para garantir a presença do amor nas relações. "Estar informado é a primeira etapa. Ser transformado é a etapa da maioridade." - Eurípedes Barsanulfo.

Wanderley Oliveira | José Mário
16 x 23 cm
312 páginas

QUEM PERDOA LIBERTA - ROMPER OS FIOS DA MÁGOA ATRAVÉS DA MISERICÓRDIA

Continuação do livro "QUEM SABE PODE MUITO. QUEM AMA PODE MAIS" dando sequência à trilogia "Desafios da Convivência".

Wanderley Oliveira | José Mário
16 x 23 cm
320 páginas

SERVIDORES DA LUZ NA TRANSIÇÃO PLANETÁRIA

Nesta obra recebemos o convite para nos integrar nas fileiras dos Servidores da Luz, atuando de forma consciente diante dos desafios da transição planetária. Brilhante fechamento da trilogia.

Wanderley Oliveira | José Mário
14x21 cm
298 páginas

SÉRIE HARMONIA INTERIOR

LAÇOS DE AFETO - CAMINHOS DO AMOR NA CONVIVÊNCIA

Uma abordagem sobre a importância do afeto em nossos relacionamentos para o crescimento espiritual. São textos baseados no dia a dia de nossas experiências. Um estímulo ao aprendizado mais proveitoso e harmonioso na convivência humana.

Wanderley Oliveira | Ermance Dufaux
16 x 23 cm
312 páginas   ebook ESPANHOL

MEREÇA SER FELIZ - SUPERANDO AS ILUSÕES DO ORGULHO

Um estudo psicológico sobre o orgulho e sua influência em nossa caminhada espiritual. Ermance Dufaux considera essa doença moral como um dos mais fortes obstáculos à nossa felicidade, porque nos leva à ilusão.

Wanderley Oliveira | Ermance Dufaux
16 x 23 cm
296 páginas   ESPANHOL

REFORMA ÍNTIMA SEM MARTÍRIO - AUTOTRANSFORMAÇÃO COM LEVEZA E ESPERANÇA

As ações em favor do aperfeiçoamento espiritual dependem de uma relação pacífica com nossas imperfeições. Como gerenciar a vida íntima sem adicionar o sofrimento e sem entrar em conflito consigo mesmo?

Wanderley Oliveira | Ermance Dufaux
16 x 23 cm
288 páginas   ebook | ESPANHOL | INGLÊS

ESCUTANDO SENTIMENTOS - A ATITUDE DE AMAR-NOS COMO MERECEMOS

Ermance afirma que temos dado passos importantes no amor ao próximo, mas nem sempre sabemos como cuidar de nós, tratando-nos com culpas, medos e outros sentimentos que não colaboram para nossa felicidade.

Wanderley Oliveira | Ermance Dufaux
16 x 23 cm
256 páginas   ebook | ESPANHOL

PRAZER DE VIVER - CONQUISTA DE QUEM CULTIVA A FÉ E A ESPERANÇA

Neste livro, Ermance Dufaux, com seus ensinos, nos auxilia a pensar caminhos para alcançar nossas metas existenciais, a fim de que as nossas reencarnações sejam melhor vividas e aproveitadas.

Wanderley Oliveira | Ermance Dufaux
16 x 23 cm
248 páginas   ebook

DIFERENÇAS NÃO SÃO DEFEITOS - A RIQUEZA DA DIVERSIDADE NAS RELAÇÕES HUMANAS

Ninguém será exatamente como gostaríamos que fosse. Quando aprendemos a conviver bem com os diferentes e suas diferenças, a vida fica bem mais leve. Aprenda esse grande SEGREDO e conquiste sua liberdade pessoal.

Wanderley Oliveira | Ermance Dufaux
16 x 22,5 cm
248 páginas   ebook

EMOÇÕES QUE CURAM - CULPA, RAIVA E MEDO COMO FORÇAS DE LIBERTAÇÃO

Um convite para aceitarmos as emoções como forma terapêutica de viver, sintonizando o pensamento com a realidade e com o desenvolvimento da autoaceitação.

Wanderley Oliveira | Ermance Dufaux
16 x 23 cm
272 páginas

SÉRIE AUTOCONHECIMENTO

QUAL A MEDIDA DO SEU AMOR?

Propõe revermos nossa forma de amar, pois estamos mais próximos de uma visão particularista do que de uma vivência autêntica desse sentimento. Superar limites, cultivar relações saudáveis e vencer barreiras emocionais são alguns dos exercícios na construção desse novo olhar.

Wanderley Oliveira | Ermance Dufaux
16 x 23 cm
208 páginas

APAIXONE-SE POR VOCÊ

Você já ouviu alguém dizer para outra pessoa: "minha vida é você"? Enquanto o eixo de sua sustentação psicológica for outra pessoa, a sua vida estará sempre ameaçada, pois o medo da perda vai rondar seus passos a cada minuto.

Wanderley Oliveira
16 x 23 cm
152 páginas

DESCOMPLIQUE, SEJA LEVE

Um livro de mensagens para apoiar sua caminhada na aquisição de uma vida mais suave e rica de alegrias na convivência.

Wanderley Oliveira
16 x 23 cm
238 páginas

A VERDADE ALÉM DAS APARÊNCIAS - O UNIVERSO INTERIOR

Liberte-se da ansiedade e da angústia, direcionando o seu espírito para o único tempo que realmente importa: o presente. Nele você pode construir um novo olhar, amplo e consciente, que levará você a enxergar a verdade além das aparências.

Samuel Gomes
14 x 21 cm
272 páginas

7 CAMINHOS PARA O AUTOAMOR

O tema central dessa obra é o autoamor que, na concepção dos educadores espirituais, tem na autoestima o campo elementar para seu desenvolvimento. O autoamor é algo inato, herança divina, enquanto a autoestima é o serviço laborioso e paciente de resgatar essa força interior, ao longo do caminho de volta à casa do Pai.

Wanderley Oliveira | Pai João de Angola
16 x 23 cm
272 páginas

FALA, PRETO VELHO

Um roteiro de autoproteção energética através do autoamor. Os textos aqui desenvolvidos permitem construir nossa proteção interior por meio de condutas amorosas e posturas mentais positivas, para criação de um ambiente energético protetor ao redor de nossas vidas.

Wanderley Oliveira | Pai João de Angola
16 x 23 cm
291 páginas

DEPRESSÃO E AUTOCONHECIMENTO - COMO EXTRAIR PRECIOSAS LIÇÕES DESSA DOR

A proposta de tratamento complementar da depressão aqui abordada tem como foco a educação para lidar com nossa dor, que muito antes de ser mental, é moral.

Wanderley Oliveira
16 x 23 cm
235 páginas

A REDENÇÃO DE UM EXILADO

A obra traz informações sobre a formação da civilização, nos primórdios da Terra, que contou com a ajuda do exílio de milhões de espíritos mandados para cá para conquistar sua recuperação moral e auxiliar no desenvolvimento das raças e da civilização. É uma narrativa do Apóstolo Lucas, que foi um desses enviados, e que venceu suas dificuldades íntimas para seguir no trabalho orientado pelo Cristo.

Samuel Gomes | Lucas
16 x 23 cm
368 páginas

CONECTE-SE A VOCÊ - O ENCONTRO DE UMA NOVA MENTALIDADE QUE TRANSFORMARÁ A SUA VIDA

Este livro vai te estimular na busca de quem você é verdadeiramente. Com leitura de fácil assimilação, ele é uma viagem a um país desconhecido que, pouco a pouco, revela características e peculiaridades que o ajudarão a encontrar novos caminhos. Para esta viagem, você deve estar conectado a sua essência. A partir daí, tudo que você fizer o levará ao encontro do propósito que Deus estabeleceu para sua vida espiritual.

Rodrigo Ferretti
16 x 23 cm
256 páginas

ebook

TRILOGIA REGENERAÇÃO

FUTURO ESPIRITUAL DA TERRA

As necessidades, as estruturas perispirituais e neuropsíquicas, o trabalho, o tempo, as características sociais e os próprios recursos de natureza material se tornarão bem mais sutis. O futuro já está em construção e André Luiz, através da psicografia de Samuel Gomes, conta como será o Futuro Espiritual da Terra.

Samuel Gomes | André Luiz
16 x 23 cm
344 páginas

XEQUE-MATE NAS SOMBRAS - A VITÓRIA DA LUZ

André Luiz traz notícias das atividades que as colônias espirituais, ao redor da Terra, estão realizando para resgatar os espíritos que se encontram perdidos nas trevas e conduzi-los a passar por um filtro de valores, seja para receberem recursos visando a melhorar suas qualidades morais – se tiverem condições de continuar no orbe – seja para encaminhá-los ao degredo planetário.

Samuel Gomes | André Luiz
16 x 23 cm
212 páginas

A DECISÃO - CRISTOS PLANETÁRIOS DEFINEM O FUTURO ESPIRITUAL DA TERRA

"Os Cristos Planetários do Sistema Solar e de outros sistemas se encontram para decidir sobre o futuro da Terra na sua fase de regeneração. Numa reunião que pode ser considerada, na atualidade, uma das mais importantes para a humanidade terrestre, Jesus faz um pronunciamento direto sobre as diretrizes estabelecidas por Ele para este período."

Samuel Gomes | André Luiz e Chico Xavier
16 x 23 cm
210 páginas

ESTUDOS DOUTRINÁRIOS

ATITUDE DE AMOR

Opúsculo contendo a palestra "Atitude de Amor" de Bezerra de Menezes, o debate com Eurípedes Barsanulfo sobre o período da maioridade do Espiritismo e as orientações sobre o "movimento atitude de amor". Por uma efetiva renovação pela educação moral.

Wanderley Oliveira | Ermance Dufaux e Cícero Pereira
14 x 21 cm
94 páginas

SEARA BENDITA

Um convite à reflexão sobre a urgência de novas posturas e conceitos. As mudanças a adotar em favor da construção de um movimento social capaz de cooperar com eficácia na espiritualização da humanidade.

Wanderley Oliveira e Maria José Costa | Diversos Espíritos
14 x 21 cm
284 páginas   Gratuito em nosso site, somente em:

NOTÍCIAS DE CHICO

"Nesta obra, Chico Xavier afirma com seu otimismo natural que a Terra caminha para uma regeneração de acordo com os projetos de Jesus, a caracterizar-se pela tolerância humana recíproca e que precisamos fazer a nossa parte no concerto projetado pelo Orientador Maior, principalmente porque ainda não assumimos responsabilidades mais expressivas na sustentação das propostas elevadas que dizem respeito ao futuro do nosso planeta."

Samuel Gomes | Chico Xavier
16 x 23 cm
181 páginas

ROMANCES MEDIÚNICOS

OS DRAGÕES - O DIAMANTE NO LODO NÃO DEIXA DE SER DIAMANTE

Um relato leve e comovente sobre nossos vínculos com os grupos de espíritos que integram as organizações do mal no submundo astral.

Wanderley Oliveira | Maria Modesto Cravo
16 x 23cm
522 páginas

LÍRIOS DE ESPERANÇA

Ermance Dufaux alerta os espíritas e lidadores do bem de um modo geral, para as responsabilidades urgentes da renovação interior e da prática do amor neste momento de transição evolutiva, através de novos modelos de relação, como orientam os benfeitores espirituais.

Wanderley Oliveira | Ermance Dufaux
16 x 23 cm
508 páginas

AMOR ALÉM DE TUDO

Regras para seguir e rótulos para sustentar. Até quando viveremos sob o peso dessas ilusões? Nessa obra reveladora, Dr. Inácio Ferreira nos convida a conhecer a verdade acima das aparências. Um novo caminho para aqueles que buscam respeito às diferenças e o AMOR ALÉM DE TUDO.

Wanderley Oliveira | Inácio Ferreira
16 x 23 cm
252 páginas

ABRAÇO DE PAI JOÃO

Pai João de Angola retorna com conceitos simples e práticos, sobre os problemas gerados pela carência afetiva. Um romance com casos repletos de lutas, desafios e superações. Esperança para que permaneçamos no processo de resgate das potências divinas de nosso espírito.

Wanderley Oliveira | Pai João de Angola
16 x 23 cm
224 páginas

UM ENCONTRO COM PAI JOÃO

A obra também fala do valor de uma terapia, da necessidade do autoconhecimento, dos tipos de casamentos programados antes do reencarne, dos processos obsessivos de variados graus e do amparo de Deus para nossas vidas por meio dos amigos espirituais e seus trabalhadores encarnados. Narra também em detalhes a dinâmica das atividades socorristas do centro espírita.

Wanderley Oliveira | Pai João de Angola
16 x 23 cm
220 páginas

O LADO OCULTO DA TRANSIÇÃO PLANETÁRIA

O espírito Maria Modesto Cravo aborda os bastidores da transição planetária com casos conectados ao astral da Terra.

Wanderley Oliveira | Maria Modesto Cravo
16 x 23 cm
288 páginas

PERDÃO - A CHAVE PARA A LIBERDADE

Neste romance revelador, conhecemos Onofre, um pai que enfrenta a perda de seu único filho com apenas oito anos de idade. Diante do luto e diversas frustrações, um processo desafiador de autoconhecimento o convida a enxergar a vida com um novo olhar. Será essa a chave para a sua libertação?

Adriana Machado | Ezequiel
14 x 21 cm
288 páginas

1/3 DA VIDA - ENQUANTO O CORPO DORME A ALMA DESPERTA

A atividade noturna fora da matéria representa um terço da vida no corpo físico, e é considerada por nós como o período mais rico em espiritualidade, oportunidade e esperança.

Wanderley Oliveira | Ermance Dufaux
16 x 23 cm
279 páginas

NEM TUDO É CARMA, MAS TUDO É ESCOLHA

Somos todos agentes ativos das experiências que vivenciamos e não há
injustiças ou acasos em cada um dos aprendizados.

Adriana Machado | Ezequiel
16 x 23 cm
536 páginas

ROMANCE JUVENIL

UM JOVEM OBSESSOR - A FORÇA DO AMOR NA REDENÇÃO ESPIRITUAL

Um jovem conta sua história, compartilhando seus problemas após a morte, falando sobre relacionamentos, sexo, drogas e, sobretudo, da força do amor na redenção espiritual.

Adriana Machado | Jefferson
16 x 23 cm
392 páginas

TRILOGIA ESPÍRITOS DO BEM

GUARDIÕES DO CARMA - A MISSÃO DOS EXUS NA TERRA

Pai João de Angola quebra com o preconceito criado em torno dos exus e mostra que a missão na Terra vai além do que conhecemos. Na verdade, eles atuam como guardiões do carma, nos ajudando nos principais aspectos de nossas vidas.

Wanderley Oliveira | Pai João de Angola
16 x 23 cm
288 páginas

GUARDIÃS DO AMOR - A MISSÃO DAS POMBAGIRAS NA TERRA

"São um exemplo de amor incondicional e de grandeza da alma. São mães dos deserdados e angustiados. São educadoras e desenvolvedoras do sagrado feminino, e nesse aspecto são capazes de ampliar, nos homens e nas mulheres, muitas conquistas que abrem portas para um mundo mais humanizado, [...]".

Wanderley Oliveira | Pai João de Angola
16 x 23 cm
232 páginas

SOS Depressão

www.sosdepressao.com.br

"Home Page criada com o objetivo de ajudar aos portadores de depressão e/ou seus familiares, a conhecerem melhor as múltiplas faces de tão doloroso processo, apresentando informações científicas, artigos de profissionais da área da saúde mental, relaxamentos, meditações e mensagens confortadoras, que poderão ajudar e amenizar as vivências desse difícil e silencioso martírio."